大学生健身与健康指导

王　恒　著

哈尔滨工程大学出版社
Harbin Engineering University Press

内容简介

本书从营养健康与健身运动、健身运动系统训练、健身运动损伤的预防与康复、体重的控制等几个部分系统且有针对性地阐述了健身训练与运动健康的相关内容,用通俗易懂的文字和直观的插图展现了训练细节。读者通过阅读本书可以增进对运动健康的认识,提高健身训练的水平。

本书可作为大学生健身健美教材,同时也可为专业运动员、健身健美爱好者提供参考。

图书在版编目(CIP)数据

大学生健身与健康指导 / 王恒著. — 哈尔滨 : 哈尔滨工程大学出版社,2020.9
ISBN 978 - 7 - 5661 - 2737 - 2

Ⅰ. ①大… Ⅱ. ①王… Ⅲ. ①大学生 – 健身运动 – 高等学校 – 教材②大学生 – 健康教育 – 高等学校 – 教材
Ⅳ. ①G806②G647.9

中国版本图书馆 CIP 数据核字(2020)第 173985 号

选题策划　包国印
责任编辑　张　彦　李　暖
封面设计　李海波

出版发行　哈尔滨工程大学出版社
社　　址　哈尔滨市南岗区南通大街 145 号
邮政编码　150001
发行电话　0451 – 82519328
传　　真　0451 – 82519699
经　　销　新华书店
印　　刷　哈尔滨市石桥印务有限公司
开　　本　787 mm × 1 092 mm　1/16
印　　张　10.5
字　　数　265 千字
版　　次　2020 年 9 月第 1 版
印　　次　2020 年 9 月第 1 次印刷
定　　价　45.00 元

http://www.hrbeupress.com
E – mail:heupress@ hrbeu. edu. cn

前　　言

如今,人们越来越重视健身与健康运动,很多人已经开始步入健身运动的行列,还有很多人正准备开始进行健身运动。面对林林总总的运动项目,以及健身房里多种多样的器械,选择一项、几项运动项目或者挑选一种或几种适合自己的器械进行锻炼显得尤为重要。但是由于缺乏专业的指导,很多人徘徊在运动场、健身房,不知道如何开始。

本书对健康及健身运动进行了详细讲解,并配有标准的插图,读者通过阅读本书会对健康有更深入的认识,对健身运动有明确的目标,学会如何管理自己的身体。除此之外,本书还介绍了一系列高级的变化动作的练习技巧,帮助读者调整练习,达到最佳的健身效果。读者通过阅读本书将学会如何选择运动项目,如何处理运动损伤,如何摄取各种营养素,如何控制体重,如何在肌肉训练中调整握杆方式、脚部位置,如何改变身体姿势,如何进行拉伸,等等。本书将会使读者对健康及健身的认知发生一些改变。

本书著者王恒是渤海船舶职业学院的体育教师、健身教练,具备多年的体育教学及健身教练工作经验,曾出版《高职体育与健康》《篮球教学与训练》《排球教学与训练》等图书。本书无论是对于热爱健身运动的大学生还是对于其他健身爱好者来说都是一本全方位的指导及参考用书。

由于时间紧迫和水平有限,书中存在着一些纰漏,敬请各位同行和广大读者批评指正。

著　者
2020 年 5 月

目　　录

第一篇　健身运动概述

第一部分　健身运动的重要性

一、健身运动的重要性

学习的压力、快节奏的生活、长期不良的生活方式与饮食习惯可能会使身体亚健康,甚至产生疾病,年轻并不一定意味着身体健康。事实上,"不用则废",一般许多热衷于运动的中年人远比不好动的青少年健康。伴随着年龄的增长,人的身体功能逐渐下降,缺乏运动和不良的饮食习惯是不可忽视的重要原因,所以在青年时期就要养成健康、良好的生活和运动习惯。

年龄增长本身与关节僵硬、肌肉无力和血液循环差并没有必然的联系。对于人体健康来说,体育锻炼与日常饮食同样重要。例如,把一辆汽车在停车场里停放20年后,再开门上车时,就算车门没有掉下来,电池也不能将引擎启动。年纪大的人坚持运动不容易,但久坐不动则会导致提前衰老。显然,随着时光的流逝,坚持健身运动就变得越来越重要。

二、健身的作用与益处

（一）健身可以缓解人们的消沉情绪和压力

缓解人们的消沉情绪的最佳方式就是进行体育锻炼。研究表明,要缓解轻度或中度的消沉情绪,进行适当的体育活动可能是一种有效的精神疗法。健身同时能使胃口不好的人想吃东西,并且使那些热衷于暴饮暴食的人减少对食物的摄取。不同于其他治疗方法,健身不会产生消极的副作用。缓解压力的最佳运动就是瑜伽、太极。瑜伽起源于印度,每个姿势都贯穿了伸展、运气和冥想。太极是中国武术的一种,虽然动作慢,却能增强"精气神"。

（二）健身可以缓解许多疾病

健身可降低高血压、结肠癌和糖尿病等病发生的概率,同时可以帮助慢性病患者增强抵抗力和肌肉的力量。

（三）健身可以提高人们安乐康宁的幸福感

研究表明,坚持健身能保持健康的身心,不仅能延长人们的寿命,还能提高人们的生活质量。它不仅帮助人们获得更多能量,而且规则的健身活动还能缓解压力,改进睡眠质量。

（四）健身可以预防潜在的疾病

健身能减少冠心病的死亡率。研究表明,每日坚持至少30 min的体育运动将有助于预防心血管疾病。这便是体育健身在人类健康方面的最大益处。长期健身能增强人们对疾病的免疫力,减少在玩耍或者体育运动过程中受伤的风险,这也是健身的益处。

第二部分　健身运动的选择

一、如何根据需要选择健身运动

现在,人们的健身热情日益高涨,但运动的目的是提高健康水平,如果盲目运动的话,就达不到预期效果。例如,有些人上身需要运动,却选择跑步,此项运动虽然对全身的健康都有益处,但针对性不强,效果不佳,可见,选择适合自己的运动非常重要。

(一)较好的健脑运动

长时间在办公室工作容易疲劳,最好的健脑运动就是在室外走走,看看蓝天、白云。一般来说,运动都能健脑,还可提高心脏功能,加快血液循环,使大脑获得更多的氧气和养料。凡是增氧运动都有健脑作用,尤其以弹跳运动为佳,如跳绳、踢毽子等能供给大脑以充分的能量。

(二)较好的改善视力运动

打乒乓球。打乒乓球时,双眼以球为目标,不停地上下调节运动,可以改善睫状肌的紧张状态,使其放松和收缩;眼外肌也可以不断活动,促进眼球组织的血液循环,提高眼睛视敏度,消除眼睛疲劳,从而起到改善视力的作用。乒乓球在我国普及程度很高,是我国的"国球"。打乒乓球不但能够强身健体,而且可以缓解眼睛疲劳。

(三)较好的抗衰老运动

人衰老的原因有很多,但近年来的研究表明,一种叫作氧自由基的物质在体内的积累起到重要作用。抗衰老的健身方法首推跑步,实验证明,只要坚持健身跑,就可以调动体内抗氧化酶的积极性,从而起到抗衰老的作用。

(四)较好的减肥运动

凡是有氧运动皆有减肥作用,但以手脚并用的运动效果最好,如游泳、滑雪等。壮年可选择拳击、打球、爬山等。

(五)较好的抗高血压运动

可供高血压病人选择的运动方式有散步、骑自行车、游泳等。

根据自己的身体状况选择相应的运动项目,运动带来的健身效果就会最大限度地体现出来。

二、如何根据自己的瘦身需求选择健身运动

根据自己的瘦身需求选择适合的健身活动,往往能让运动有的放矢,更有针对性地解决身材问题。

(一)全身肥胖

这种体形的人容易出现脂肪率过高的现象,所以应该降低脂肪率至合理范围,保证身体处于健康状态。

推荐运动:快走、慢跑、爬山、游泳等。

（二）上身肥胖

腰部以上部位（包括手臂）易堆积脂肪的人通常给人以丰满的感觉，自己总会觉得虎背熊腰，穿什么衣服都不好看。这样的身材带给心脏的压力也比下身胖的人概率大。

推荐运动：武术、健身球操、哑铃操、肚皮舞。

（三）下身肥胖

脂肪主要集中在臀部和腿部，这是大多数东方女性的困扰。而腿部由于重力原因血液循环容易不畅，导致腿部成为瘦身的死角，尤其是小腿。

推荐运动：踏板操、拉丁舞、功率自行车。

（四）四肢肥胖

腰腹没有过多赘肉，但四肢很粗壮。这样的身材多数是因为以前进行过高强度的体育锻炼，曾经有较发达的肌肉组织，但由于运动停止，造成肌肉减少，脂肪增多。

推荐运动：综合有氧操、拉丁舞、瑜伽、羽毛球等球类运动。

（五）腰腹肥胖

现在的白领女性都易出现的症状就是腰腹肥胖，通常是因为久坐且饭后没有其他活动。这类身材的人需要进行一些针对腰腹肌群训练的运动。

推荐运动：普拉提、肚皮舞、拉丁舞。

三、身体有疾病的人群如何选择健身运动

患有心律失常等心血管疾病的人群需在医师的指导下，选择一些低强度、动静结合的运动，注意动作的选择，控制运动强度和运动时间，以身体直接感受为准，不宜出现胸闷、胸痛、心慌、气短咳嗽和疲劳等状况。

推荐运动：散步、慢跑、普拉提、瑜伽。

另外需提醒的是，由于肥胖者常有高血压倾向，所以应在运动前量血压，并注意动作的正确性，不要进行过度剧烈的运动，饮食上不能因为想减肥就过度节食，一天可以吃热量为 $200 \sim 300$ cal（1 cal＝4.19J）的食物，保证营养均衡。

除了选择适合自己的运动外，还要注意的就是选择自己易执行、易坚持的运动，这样更有利于瘦身成功。身体状况不好就要停止运动，不可操之过急。

四、你所忽视了的"轻运动"

（一）"轻运动"的含义

提到健身运动，人们自然会想到体能消耗后大汗淋漓的形象。"轻运动"则不同，它是轻负荷，不追求运动量，活动量与活动形式力所能及就可以，体能消耗小，能对身体各系统的功能起到调节作用，使锻炼者心情舒畅。许多健身活动需要场地和器械，需要花费一定的资金。从事"轻体育"则不用为经济负担伤脑筋，在公园、马路、广场或家里都可以进行，做到"少花钱可健身，不花钱也可健身"。

（二）"轻运动"时间要求宽松

"高效率、快节奏"是当代大学生生活和学习的一大特点，人们想锻炼，苦于没有整段的时间。"轻运动"在时间要求上就宽松多了，可以利用学习的间歇时间进行，可以利用茶余饭后的零散时间进行，时间安排可长可短，完全依人的具体情况而定，使健身运动轻松化。正因如此，人们就可以在几乎没有任何负担的情况下从事轻体育活动。锻炼者可以忘却烦

恼,摒弃一切不利于健康的情绪,使活动过程不仅是健身的过程,而且是净化心灵、怡情悦性和消除精神紧张的过程。

（三）从事"轻运动"不必拘泥于一种方式

"轻运动"可以是集体活动,也可以是个人活动;可以静静地活动,也可以在音乐伴奏中活动。散步、慢跑、跳交谊舞、大众健美操、扭秧歌等,无论是哪种锻炼方式,皆可随心所欲地选择,"轻运动"没有过高的技术与规则要求,只要有健身愿望,就可以立即进入角色。

第二篇　营养健康与健身运动

"营养"作为一个名词、术语已为人们所熟知,但人们对其确切的定义未必了解。"营"在汉语中的含义是"谋求","养"的含义是"养生或养身",两个字组合在一起应当是"谋求养生"的意思。"营养"一词确切而比较完整的定义应当是:人体为了维持正常的生理、生化、免疫功能及生长发育、代谢、修补等生命活动而摄取和利用食物养料的生物学过程。研究人体及其他生物的营养问题的学科称为营养学。

第一部分 营 养 素

食物中含有的能维持人体正常生理功能、促进生长发育和健康的化学物质称为营养素。人体所需的营养素可分为蛋白质、碳水化合物、脂类、矿物质、维生素、水和膳食纤维6大类。

一、蛋白质

(一)组成与分类

蛋白质是一种化学结构复杂的化合物,主要由碳、氢、氧、氮4种元素构成,一般可能还会含有硫、磷、铜、铁等元素。氨基酸是构成蛋白质的基本单位。

已知食物蛋白质中的氨基酸有30种。有了氨基酸千变万化的连接方式,才有蛋白质多样的结构和功能。氨基酸可分为3类。第一类是体内不能合成或合成速度较慢,不能满足机体需求,但又是维持机体生长发育、合成机体蛋白质所必需的,必须由膳食提供,叫必需氨基酸。对于成年人,必需氨基酸有8种,对于婴幼儿有9种(成人的8种必需氨基酸加上组氨酸)。第二类可以在体内合成,非必须由食物供给的称非必需氨基酸。第三类是条件性必需氨基酸。条件性必需氨基酸的特点:第一,其合成以其他氨基酸为前提,并且只限于某些特定的器官;第二,合成的最大速度可能是有限的,并可能受发育与生理因素的限制。

食物蛋白质的营养价值取决于所含氨基酸的种类和数量,所以可根据食物蛋白质的氨基酸组成,按其营养价值分为3类:①完全蛋白质,所含必需氨基酸种类齐全、数量充足、比例适当,不但能维持成人的健康,而且能促进儿童生长发育,如乳类、蛋类、肉类、大豆中的蛋白、小麦中的麦谷蛋白及玉米中的谷蛋白等,都属于完全蛋白质;②半完全蛋白质,所含必需氨基酸种类齐全,但有的氨基酸数量不足,比例不适当,可以维持生命,但不能促进生长发育,如小麦中的麦胶蛋白等;③不完全蛋白质,所含必需氨基酸种类不全,既不能维持生命,也不能促进生长发育,如玉米中的玉米胶蛋白、动物结缔组织和肉皮中的胶质蛋白、豌豆中的豆球蛋白等。

(二)生理功能

1. 构成和修复组织

蛋白质是构成机体组织、器官的重要成分,人体各组织、器官无一不含蛋白质。人体的瘦组织(如肌肉组织)中和心、肝、肾等器官中均含有大量蛋白质;骨骼、牙齿乃至指、趾也含有大量蛋白质;细胞中,除水分外,蛋白质约占细胞内物质的80%。因此,构成机体组织、器官是蛋白质最重要的生理功能。身体的生长发育可视为蛋白质不断积累的过程。

2. 调节生理功能

机体生命活动之所以能够有条不紊地进行,有赖于多种生理活性物质的调节。而蛋白质是构成多种重要生理活性物质的成分,它参与调节生理功能。

3. 供给能量

蛋白质在体内降解为氨基酸后,经脱氨基作用生成的物质可以直接或间接经三羧酸循环氧化分解,同时释放能量,是人体能量来源之一。但是,蛋白质的这种功能可以由糖类、脂肪所代替。因此,供给能量是蛋白质的次要功能。

4. 其他

神经系统的功能与摄入蛋白质的质量密切相关,蛋白质可影响大脑皮层的兴奋和抑制过程。在婴幼儿大脑发育时期,如果蛋白质供给不足,会使婴幼儿脑细胞数目减少,影响智力发育。人的记忆过程也与脑内蛋白质的合成有关。同时,蛋白质还与人体内许多重要物质的运输有关。

(三)推荐摄入量和食物来源

蛋白质推荐摄入量(RNI)必须满足机体的氮平衡。每日摄入蛋白质的含氮量与机体排出的含氮量相等,称为氮平衡。摄入多于排出,正氮平衡;反之,负氮平衡。中国营养学会2000年修订的蛋白质推荐摄入量标准:成年人每天1.16 g/kg,儿童每天1.68 g/kg,优质蛋白应占蛋白质摄入总量的1/3。蛋白质供给的热量应占一日膳食总热量的11%~14%,其中儿童为13%~14%,成人为11~12%。

蛋白质含量和利用率均较高的食物主要是鱼、禽、蛋、瘦肉、奶类、豆类及其制品,其次是谷类,蔬菜水果含量最低。我国人民总体饮食结构、饮食习惯以谷类食物等植物性食物为主,动物性食物为辅。谷类食物成为蛋白质的主要来源,而谷类食物的蛋白质大多数是非优质蛋白质,其营养价值受限制。所以,为了提高营养价值,应充分利用蛋白质的互补作用。

(四)蛋白质的互补作用

几种蛋白质混合食用时,由于各种蛋白质所含氨基酸互相配合,取长补短,改善了必需氨基酸含量的比例,从而使混合蛋白质的生物价提高,这种现象称为蛋白质的互补作用。例如,粮食类蛋白质中赖氨酸较少,限制了其生物价,而与含赖氨酸较多的大豆或肉、蛋类搭配食用,生物价就可提高。再如,大豆中蛋氨酸含量较低,而玉米中含量较高,两者互补,生物价也可提高。总之,食物多样化,粗细粮搭配,各餐合理分配动物蛋白,适量摄取豆制品,可以较好地发挥蛋白质的互补作用,有利于提高蛋白质的营养价值。两种食物摄入的间隔时间以不超过5 h为宜,若间隔时间太长,互补作用将会降低。

二、碳水化合物

碳水化合物又称糖类,它在自然界中分布很广、储量丰富,是最经济的营养素,也是人类最重要的能量来源。

(一)组成与分类

碳水化合物是由碳、氢、氧3种元素组成,是机体获取能量的最经济和最主要的来源。按照联合国粮食及农业组织(FAO)和世界卫生组织(WHO)专家组(1998年)的建议,根据聚合度,可将其分为单糖、双糖和多糖3类。葡萄糖、果糖、半乳糖、核糖等是单糖,蔗糖、麦芽糖、乳糖是双糖,多糖包括淀粉、糖原和膳食纤维。多糖(膳食纤维除外)和双糖在体内必须经过唾液淀粉酶、胰淀粉酶或肠内各种消化酶的作用转变成单糖,之后可转变为糖原或其他单糖(如核糖、脱氧核糖及半乳糖等)。

各种糖的消化吸收速度不同,单糖较快,多糖较慢;各种单糖的吸收速度也不同,若葡萄糖是100,那么半乳糖与果糖的比例是110:43。各种糖的甜度也各异,若蔗糖为1,那么果糖为1.75,葡萄糖为0.75,半乳糖和麦芽糖均为0.33,乳糖为0.16,淀粉的甜度则更低。

(二)生理功能

1. 储存和供给能量

膳食碳水化合物是人类获取能量的最经济和最主要的来源。每克葡萄糖在体内氧化可以产生4 kcal的能量。在维持人体健康所需要的能量中,55%~65%是由碳水化合物提供的。

糖原是肌肉和肝脏糖类的储存形式,肝脏能够储存机体内约1/3的糖原。一旦机体需要,肝脏中的糖原即可分解为葡萄糖,以为肌体提供能量。碳水化合物在体内释放能量较快,供能也快,是神经系统和心肌的主要能源,也是肌肉活动时的主要"燃料",对维持神经系统和心脏的正常供能、增强耐力、提高工作效率都有重要意义。

2. 是细胞的组成成分

碳水化合物是构成机体组织的重要物质,它参与细胞的组成和多种活动。每个细胞都含有碳水化合物,其含量为2%~10%。

3. 节约蛋白质的作用

机体需要的能量,主要由碳水化合物提供。当膳食中碳水化合物供应不足时,机体为了满足自身对葡萄糖的需要,通过糖原异生作用动用蛋白质以产生葡萄糖,供给能量;而当摄入量足够时,则能预防体内或膳食蛋白质消耗,不需要动用蛋白质来供能,即碳水化合物具有节约蛋白质的作用。

4. 抗生酮作用

当膳食中碳水化合物供应不足时,草酰乙酸供应减少,而体内脂肪或食物脂肪会被动加速分解为脂肪酸来供应能量。在这一代谢过程中,由于草酰乙酸不足,脂肪酸因不能彻底氧化而产生过多的酮体,酮体又不能及时被氧化而在体内蓄积,以致引发酮血症和酮尿症。膳食中充足的碳水化合物却可以防止上述现象的发生,因此,碳水化合物具有抗生酮作用。

5. 解毒作用

经糖醛酸途径生成的葡萄糖醛酸,在肝脏中能与许多有害物质(如细菌毒素、酒精、砷等)结合,以消除或减轻这些物质的毒性或生物活性,从而起到解毒作用。

6. 增强肠道功能

非淀粉多糖类,如纤维素和果胶、抗性淀粉、功能性低聚糖等抗消化的糖类,虽不能在小肠消化吸收,但可以刺激肠道运动,从而增加了结肠内的发酵,进而使短链脂肪酸和肠道菌群增殖,有助于正常消化和增加排便量。

(三)推荐摄入量与食物来源

碳水化合物的推荐摄入量依据饮食习惯、食物结构、生活水平和体力活动等因素而定。我国膳食营养素参考摄入量(DRIs)研究组推荐:除婴幼儿(小于2岁)外,碳水化合物的适宜摄入量应提供总热量的55%~65%。这些碳水化合物包括复合糖类淀粉、不消化的抗性淀粉、非淀粉多糖和低聚糖类等碳水化合物。同时还要限制纯热量食物(如蔗糖)等精制糖的摄入量,提倡摄入营养素/热能密度高的食物,以保证人体热能和营养素的需要。

碳水化合物的种类很多,其中淀粉类主要来自谷类。豆类和根茎类是淀粉的良好来源。人体对淀粉的适应性好,可较大量和长期食用,因淀粉消化吸收较慢,使血糖可以维持在较稳定的水平;简单的糖只能在某些情况下适当食用,且不宜摄入过多。

三、脂类

(一)组成与分类

脂类包括脂肪和类脂两大类,由碳、氢、氧3种元素组成,有的类脂还含有磷、氮。脂肪是甘油及脂肪酸组成的甘油酯,类脂包括磷脂和固醇类。磷脂又包含卵磷脂、脑磷脂及神经磷脂。类脂具有很高的生理价值,在运动员营养中有特殊作用。胆固醇是人体中主要的固醇类化合物,是类固醇激素、维生素D及胆汁酸的前体。

脂肪酸的种类很多,按分子结构分为饱和脂肪酸与不饱和脂肪酸两类。不饱和脂肪酸又可分为单不饱和脂肪酸与多不饱和脂肪酸。目前已知的多不饱和脂肪酸中,亚油酸对人体最重要,因为它在体内不能合成,必须从食物中摄取,故称必需脂肪酸。

(二)生理功能

1. 储存和供给能量

一般合理膳食总能量的20%~30%由脂肪提供。储存脂肪常处于分解(供能)与合成(储能)的动态中。1 g脂肪在体内氧化可产能37 560 kJ,相当于9 000 kcal的能量,是等量蛋白质和糖类产生热量的2倍。

2. 是细胞的组成成分

细胞膜是由磷脂、糖脂和胆固醇组成的类脂层;神经组织含有磷脂和糖脂;胆固醇是类固醇激素、维生素D及胆汁酸的前体。

3. 保护脏器和维持体温

分布于腹腔、皮下、肌纤维间的脂肪有保护脏器、组织和关节的作用。皮下脂肪还是很好的绝缘物质,具有保温、防寒作用。

4. 促进脂溶性维生素的吸收

食物脂肪是脂溶性维生素A、D、E、K的载体,它能协助脂溶性维生素和胡萝卜素的吸收。

此外,脂肪还可以节约蛋白质,提供必需脂肪酸,具有内分泌作用(参与构成某些内分泌激素);增加膳食的美味和增加饱腹感。

(三)推荐摄入量与食物来源

膳食中脂肪的需要量受年龄、生理状态、饮食习惯、运动、经济条件和气候等因素影响,变化范围很大。对成人膳食脂肪的推荐摄入量小于总热量的30%,饱和脂肪少于总能量的10%,单不饱和脂肪酸占总摄入量的10%,必需脂肪酸的安全摄入量占总能量的1%~2%,胆固醇每天的推荐摄入量是300 mg。如果有高血脂或是调节功能差者,则应更加严格限制胆固醇摄入量,每天要低于200 mg。

脂肪的食物来源有两种:一是动物性食物,如猪油、牛油、羊油、奶油、鱼油、骨髓及蛋黄中的脂肪;二是植物性食物,如芝麻、棉籽、菜籽、茶叶等,以及它们加工后制成的植物油。此外,花生、核桃、杏仁、松子及黄豆等都是含脂肪丰富的食物。

四、矿物质

人体内含有的各种元素,除了碳、氢、氧、氮主要以有机化合物形式存在的元素外,其余的元素统称为矿物质。其中有 20 多种元素已经被证实是人类营养所必需,其中在机体中含量在 0.01% 以上的,称为常量元素,有钙、磷、钾、钠、硫、氯、镁 7 种;含量在 0.01% 以下的,称为微量元素,有铁、锌、碘、硒、氟、铜、锰、铬等 14 种。下面仅介绍部分常量元素和微量元素。

（一）常量元素

1. 钙

（1）生理功能:构成骨骼和牙齿的主要物质;维持神经肌肉正常的兴奋性;维持细胞膜和毛细血管的正常功能;参与血液凝固过程;作为第二信使,调节机体各种生理活动。

（2）每天的推荐摄入量:青少年为 1 000 mg;成年人为 800 mg;年龄大于 50 岁为 1 000 mg;孕妇和哺乳期妇女为 1 000 ~ 1 200 mg。如果摄入量过多也存在危险性,主要表现为形成肾结石,引起奶碱综合征和干扰铁、锌、镁、磷等元素的吸收利用。我国成年人钙每天最高摄入量定为 2 g。

（3）食物来源:奶和奶制品是钙的主要来源,奶和奶制品中含钙量丰富并且吸收率高;可以连骨或壳吃的小鱼、小虾及一些坚果类,含钙也较多;豆类、绿叶蔬菜也是钙的较好来源;硬水中也含有相当量的钙。但是,含草酸较多的食物（如菠菜）会对钙吸收有所影响。

2. 磷

（1）生理功能:构成骨骼和牙齿的主要物质;核酸、磷脂、磷蛋白及某些辅酶的组成成分,参与和调节体内生理功能;磷酸盐组成缓冲体系,维持体内酸碱平衡;以磷酸高能键形式参与物质代谢和能量代谢。

（2）每天的推荐摄入量:磷因食物来源丰富,不易缺乏。11 ~ 18 岁为 1 000 mg;18 岁以上为 700 mg;孕妇和哺乳期妇女为 700 mg。

（3）食物来源:无论是动物性食物或者是植物性食物,在其细胞中,都含有丰富的磷,动物乳汁中也含有磷,磷是和蛋白质并存的。瘦肉、蛋、奶、动物的肝脏中,磷含量都很高,海带、紫菜、芝麻酱、花生、干豆类、坚果、粗粮含磷也较丰富。

3. 钾

（1）生理功能:钾是细胞内液中的主要阳离子,也是血液的重要组成部分。钾不仅维持着细胞内液的渗透压和酸碱平衡、神经肌肉的兴奋性,而且还参与蛋白质、糖及能量代谢的过程。

（2）每天的推荐摄入量:11 ~ 14 岁为 1 500 mg;14 岁以上为 2 000 mg;孕妇和哺乳期妇女为 2 500 mg。

（3）食物来源:大部分食物都含有钾,蔬菜和水果是钾最好的来源。

4. 钠

（1）生理功能:钠主要存在于细胞外液,钠是细胞外液中的主要阳离子,钠不仅维持细胞外液的渗透压和酸碱平衡,而且还对细胞的水分、渗透压、应激性、分泌和排泄等具有调节功能。

（2）每天的推荐摄入量:11 ~ 14 岁为 1 200 mg;14 ~ 18 岁为 1 800 mg;18 岁以上为 2 200 mg（包括孕妇和哺乳期妇女）。

（3）食物来源：钠普遍存在于各种食物中，但人体钠的主要来源为食盐、酱油、腌制肉、酱咸菜类等食物。

5. 镁

（1）生理功能：以磷酸盐和碳酸盐形式组成，是构成骨骼和牙齿的重要物质；是某些酶的辅助因子或激活剂；维持神经肌肉正常兴奋性，维持心肌正常结构与功能。

（2）每天的推荐摄入量：11～14 岁为 350 mg；14 岁以上为 350 mg；成年人、老年人为 350 mg；孕妇和哺乳期妇女为 400 mg。

（3）食物来源：绿叶蔬菜、粗粮、坚果中镁的含量丰富；肉类、淀粉类食物及牛奶中的镁含量中等；硬水中也含有少量的镁。

（二）微量元素

1. 铁

（1）生理功能：主要作为血红蛋白、肌红蛋白、细胞色素等的组成部分而参与体内氧的运送和组织呼吸过程。铁可以催化胡萝卜素转化为维生素 A，参与胶原蛋白的合成，促进抗体的产生，增强机体免疫力。

（2）每天的推荐摄入量：中国营养学会在 2000 年提出了中国居民膳食铁参考摄入量，成人男子铁适宜摄入量为 15 mg；成人女子为 20 mg；成年人可耐受最高摄入量男女均为 50 mg。

（3）食物来源：动物肝脏、全血、肉类、豆类和绿色蔬菜是铁的良好来源，蛋黄中铁吸收率虽然偏低，但铁含量丰富，仍是较好的铁源食物。

2. 锌

（1）生理功能：锌是许多金属酶的组成成分或一些酶的激活剂；增强机体免疫力；加速创伤愈合；促进维生素 A 代谢，保护夜间视力；改善味觉，促进食欲；提高智力。

（2）每天的推荐摄入量：普通成年男子的需要量为 2.2 mg，每日膳食锌的供给量为 11 mg。

（3）食物来源：贝壳类海产品、红色肉类、动物肝脏都是锌的极好来源，水果类、谷类胚芽和麦麸也富含锌，奶酪、虾、燕麦、花生等也是良好来源。一般的植物性食物和蔬菜水果中含锌较低。

3. 铜

（1）生理功能：铜是氧化酶的组成成分；促进组织中铁的转移和利用；催化血红蛋白的合成；清除自由基，防止衰老；抗癌。

（2）每天的推荐摄入量：中国营养学会提出了不同年龄人群铜的适宜摄入量，成年人为 2 mg，成年人可耐受最高摄入量为 8 mg。

（3）食物来源：铜广泛存在于各种食物中，牡蛎、贝类食物及坚果类是铜的良好来源；其次是动物肝脏和肾脏、谷类发芽部分、豆类等。

4. 氟

（1）生理功能：氟可以预防龋齿和老年性骨质疏松症，加快伤口愈合和促进铁的吸收。

（2）每天的推荐摄入量：成年人适宜摄入量为 1.5 mg；成年人可耐受最高摄入量为 3.0 mg。

（3）食物来源：一般动物性食物中氟含量高于植物性食物，海洋动物中氟含量高于淡水及陆地食物，其中茶叶、海鱼、海带、紫菜中氟含量较高。

5. 碘

（1）生理功能：碘参与甲状腺的合成。甲状腺对蛋白的合成、能量代谢、水盐代谢有重要的影响。

（2）每天的推荐摄入量：成人为 150 μg，成年人可耐受最高摄入量每天为 1 000 μg。

（3）食物来源：海产品的碘含量大于陆地食物，如海带、紫菜、鲜鱼、干贝、淡菜、海参、海蜇等。海带含碘量最高，其次为海贝及鲜海鱼；动物性食物的碘的含量大于植物性食物；陆地食品则以蛋、奶含碘较高，其次为肉类；淡水鱼的含碘量低于肉类；植物的含碘量最低，特别是水果和蔬菜。

6. 硒

（1）生理功能：硒可以维持细胞膜结构和功能的完整性；预防克山病和大骨节病；促进免疫球蛋白合成，有增强机体免疫功能和抗癌的作用；降低毒物对人体的危害作用；促进生长和保护视觉器官的健全功能。

（2）每天的推荐摄入量：中国营养学会在 2000 年提出了每日膳食硒推荐摄入量，18 岁以上者为50 μg；成年人可耐受最高摄入量为400 μg。

（3）食物来源：食物中硒含量与食物产地土壤和河水中硒的含量有关。一般来说，动物性食物为硒的来源，特别是内脏和海产品；植物性食物中硒的含量随产地土壤、河流硒含量及可被吸收利用量的变化而变化，差异较大，动物性食物的差异范围一般不如植物性食物大。

五、维生素

维生素是维持人体正常生命活动所必需的一类有机化合物。在体内含量极微，但在机体的代谢、生长发育等过程中却起到重要作用。维生素主要分为水溶性和脂溶性，水溶性包含维生素 B、C，脂溶性包含维生素 A、D、E、K。

（一）脂溶性维生素

1. 维生素 A

维生素 A 又名视黄醇，是不饱和的一元醇，黄色结晶体。其性质活泼，易被氧化和受到紫外线照射而破坏。

（1）生理功能：维生素 A 可以维持正常的视觉功能；保证上皮组织结构的完整和健康；具有类固醇激素的作用，影响细胞分化，促进生长和发育；有抗氧化、抗癌和抗疲劳作用。

（2）每天的推荐摄入量：中国营养学会在 2000 年提出了中国居民膳食维生素 A 成年人推荐摄入量，男性为800 μgRE（RE 为视黄醇当量）；女性为700 μgRE；成年人可耐受最高摄入量为3 000 μgRE。

（3）食物来源：维生素 A 只存在于动物性食物中，尤其是动物的肝脏、蛋类和奶类。维生素 A 可由 β－胡萝卜素合成。胡萝卜素的良好来源是有色蔬菜和水果，如菠菜、豌豆苗、红心甜薯、胡萝卜、青椒、杏和杞果等。

2. 维生素 D

维生素 D 是类固醇衍生物，种类繁多。维生素 D 结晶呈白色，性质稳定，耐高温。酸败的油脂可以破坏维生素 D。

（1）生理功能：维生素 D 的主要生理功能是调节体内钙磷代谢，促进钙磷的吸收和利用，以构成健全的骨骼和牙齿。

（2）每天的推荐摄入量：中国营养学会在 2000 年提出了中国居民膳食维生素 D 推荐摄入量，成年人为5 μg；成年人可耐受最高摄入量为20 μg。

（3）食物来源：维生素 D 主要存在于动物性食物中，最丰富的来源是鱼肝油、各种动物肝脏和蛋黄，夏季动物奶中维生素 D 的含量也较多。晒干后的青菜，它的其他维生素可能遭到破坏，但维生素 D 剧增，故干菜是富含维生素 D 的食物。

3. 维生素 E

维生素 E 又称生育酚，为浅黄色油状物，极易自身氧化，并易遭碱、铁盐的破坏。其对酸、热较稳定，但长期高温加热，特别是油脂酸败时，其活性明显降低。

（1）生理功能：抗氧化作用促进毛细血管增生，改善微循环，有利于防止动脉粥样硬化及冠心病；促进新陈代谢，使氧的利用率增加，从而增强机体耐力；维持正常生殖功能；参与体内一些必需物质的合成。

（2）每天的推荐摄入量：中国营养学会在 2000 年提出了中国居民膳食维生素 E 推荐摄入量，成年人为14 mgα - TE（α - TE 为生育酚当量）；可耐受最高摄入量为800 mgα - TE。

（3）食物来源：维生素 E 主要存在于植物性食品中，麦胚油、棉籽油、玉米油、花生油、芝麻油是其良好的来源。

4. 维生素 K

（1）生理功能：维生素 K 又称凝血维生素，其主要生理功能是促进凝血酶原合成。

（2）每天的推荐摄入量：中国营养学会提出的膳食营养素推荐摄入量中，成年人维生素 K 的膳食适宜摄入量为120 μg；成年人可耐受最高摄入量未定。

（3）食物来源：维生素 K 在甘蓝、菠菜、花菜中含量最为丰富，在番茄、奶酪、蛋黄和动物肝脏中含量次之。

（二）水溶性维生素

1. 维生素 B_1

维生素 B_1 又称硫胺素或抗脚气病维生素，为白色结晶体。在酸性溶液中稳定、耐热，但其在碱性条件下加热易氧化破坏。

（1）生理功能：促进糖类代谢；维护心脏和神经健康；增进食欲促进消化。

（2）每天的推荐摄入量：在 2000 年中国营养学会提出的居民膳食维生素 B_1 推荐摄入量中，成年男女的推荐摄入量分别为1.4 mg 和1.3 mg；成年人可耐受最高摄入量为50 mg。

（3）食物来源：维生素 B_1 广泛存在于天然食品中，维生素 B_1 含量丰富的食物有动物性内脏、肉类、豆类、花生和粗粮。谷类是我国人民的主食，也是维生素 B_1 的主要来源。

2. 维生素 B_2

维生素 B_2 又称核黄素，为橘黄色针状结晶体。在酸性溶剂中稳定，但其易被光和碱破坏。

（1）生理功能：维生素 B_2 是黄酶辅基 FMN 和 FAD 的组成成分，直接参与氧化反应及电子传递系统，是蛋白质、脂肪和糖类在体内代谢时不可缺少的物质。

（2）每天的推荐摄入量：在 2000 年中国营养学会提出的居民膳食维生素 B_2 推荐摄入量中，18 岁以后男性为1.4 mg；女性为1.2 mg。

（3）食物来源：维生素 B_2 广泛存在于动物性和植物性食物中，以肝脏、肾脏、心脏、奶类、蛋黄和鳝鱼中含量较高，其次是豆类和绿叶蔬菜。

3. 烟酸

烟酸又称尼克酸、维生素 PP,为白色或微黄色结晶体,性质稳定,耐高温,不易被酸、碱、氧及光所破坏,是维生素中最稳定的一种。

(1)生理功能:参与生物氧化,维持皮肤健康。

(2)每天的推荐摄入量:中国营养学会在 2000 年提出了居民膳食维生素 PP 的推荐摄入量,成年人男女分别为14 mgNE(NE 为维生素 PP 当量)与13 mgNE;成年人可耐受最高摄入量为35 mgNE。

(3)食物来源:维生素 PP 广泛存在于动植物食品中,其中含量较丰富的是酵母、花生、谷类、豆类及肉类,尤其是动物肝脏。

4. 维生素 B_6

维生素 B_6 在酸性溶液中较稳定,但在碱性溶液中对紫外线不稳定。

(1)生理功能:参与蛋白质、氨基酸代谢。

(2)每天的推荐摄入量:中国营养学会在 2000 年提出了居民膳食维生素 B_6 推荐摄入量,18～50 岁、50 岁以上分别为1.2 mg 与1.5 mg;可耐受最高摄入量儿童为50 mg,成年人为100 mg。

(3)食物来源:维生素 B_6 广泛存在于各种食品中,如各种谷物、豆类、肉类、肝脏、蛋黄等。

5. 维生素 B_{12}

维生素 B_{12} 又名钴胺素或抗恶性贫血维生素,为粉红色针状结晶体。其在中性或弱酸性条件下稳定,耐高温,在强酸或强碱中易被分解,阳光照射下易被破坏。

(1)生理功能:防治脂肪肝;促进红细胞的发育和成熟,维持机体正常的造血机能。

(2)每天的推荐摄入量:联合国粮食及农业组织和世界卫生组织推荐正常成年人摄入维生素 B_{12} 为1 μg。目前在我国提出的维生素 B_{12} 的适宜摄入量中,成年人为2.4 μg。

(3)食物来源:维生素 B_{12} 主要来源于动物性食品,如肝脏、肾脏、肉类、海鱼、海虾等。

6. 叶酸

叶酸为黄色结晶,其在中性或碱性溶液中对热稳定,但易被酸和光破坏。

(1)生理功能:与蛋白质核酸合成有关,也与红细胞、白细胞成熟有关。

(2)每天的推荐摄入量:中国营养学会在 2000 年提出了中国居民膳食叶酸推荐摄入量,成年人为400 μgDFE(DFE 为膳食叶酸当量);成年人、孕妇及哺乳期妇女的可耐受最高摄入量为1 000 μgDFE。

(3)主要来源:叶酸广泛分布于各种食物,叶酸含量最丰富的食物来源是肝脏;绿叶蔬菜、酵母等肠菌也能合成叶酸,供人体利用。

7. 维生素 C

维生素 C 又名 L-抗坏血酸,白色结晶体,具有很强的还原性。其在酸性溶液中较稳定,但易被氧化,对热碱不稳定。

(1)生理功能:参与氧化还原反应;促进胶原蛋白合成;提高应激能力;增强机体免疫力和抗癌作用;降低血胆固醇水平。此外,有研究表明,维生素 C 可加速肌肉中磷酸肌酸与糖原的合成,提高运动能力。

(2)每天的推荐摄入量:中国营养学会在 2000 年提出了维生素 C 推荐摄入量;成年人为100 mg;14 岁以后可耐受的最高摄入量为1 000 mg。

（3）主要来源：维生素 C 主要来源于新鲜蔬菜和水果，青菜、韭菜、菠菜、青椒、花菜、鲜枣、草莓、山楂中含量尤其丰富。

六、水

水是人体最重要的组成成分和不可缺少的营养物质，还具有调节生理功能的作用。人在断水时比在断食时死亡更快。例如，人如果断食而只饮水时可生存数周；但如果断水，则只能生存数日，一般断水 5～10 天便可危及生命。断食至所有体脂和组织蛋白质耗尽 50% 时，人体仍可勉强维持生命；而断水至失去全身水分 10% 就可能死亡。

（一）生理功能

1. 构成人体组织

成人体重的 1/3 是由水组成的。血液、淋巴、脑脊液含水量高达 90% 以上，肌肉、神经、内脏、细胞、结缔组织等含水 60%～80%；脂肪组织和骨含水量在 30% 以下。

2. 参与物质代谢

水是良好的溶剂，许多营养物质必须溶解在水中才能发生化学反应；水在体内还直接参与氧化还原反应，促进体内各种生理活动和生化反应。

3. 运输物质

水的流动性大，在消化、吸收、循环和排泄过程中能够协助营养素和代谢废物的运输。

4. 调节体温

水是体内体温调节的必需物质。

5. 润滑作用

水作为关节、肌肉和脏器的润滑剂，能够维护这些部位的正常功能。

（二）主要来源

1. 饮用水

每天饮用水的摄入可随运动或劳动强度、气候、各种生理情况的不同而异。例如，运动员因高强度训练大量出汗，饮用水的摄入量就会增加。

2. 食物水

各种食物都含有水分，但含水量却不同。因此，食物水的量因摄入食物种类而有所差异。

3. 代谢水或体内氧化水

糖、脂肪和蛋白质等营养物质在体内氧化时产生的水，称为代谢水或体内氧化水。每 100 g 糖在体内氧化可产生 55 mL 代谢水；100 g 脂肪完全氧化可产生 107 mL 代谢水；100 g 蛋白质在体内氧化可产生 41 mL 代谢水；一般混合性食物在体内每产生 100 kcal 热量，可产生 12 mL 代谢水。

（三）主要去路

1. 肾脏排出

体内的水主要以尿液的形式排出体外。正常成年人每日排尿量为 600～1 500 mL。

2. 皮肤蒸发

成年人经皮肤蒸发的水每日为 500～700 mL。

3. 呼吸道排出

成年人经呼吸排出的水每日为 300～350 mL。

4. 消化道排出

在正常情况下,经肠道随粪便排出的水并不多,成年人每日为 50~150 mL。但腹泻、呕吐时经消化道会丢失大量的水。

> **小贴士**
>
> 水是人体最重要的组成部分和不可缺少的营养物质,还具有调节生理功能的作用。每人每天应饮用 8 杯水(约 2 000 mL)。在参加体育锻炼前后,应适时饮水,补充人体失去的水分。

七、膳食纤维

膳食纤维的定义至今尚无定论,目前较为一致的定义为"非淀粉多糖",即膳食纤维的主要成分为非淀粉多糖。主要来自植物细胞壁的成分,包括纤维素、半纤维素、果胶、非淀粉多糖成分的木质素等。

"可溶性和不可溶性纤维"是化学提取制备膳食纤维时所采用的名词,即用不同酸碱度的溶液将非淀粉多糖分为两类:一类为在特定酸碱度的溶液中可溶解的部分,称为可溶性纤维;那些不溶的部分称为不可溶纤维。可溶性纤维对小肠内的葡萄糖和脂质吸收有影响,而不可溶纤维则在大肠中发酵,从而影响大肠的功能。

(一)生理功能

1. 降低血浆胆固醇,预防心血管疾病及胆结石症。
2. 改善血糖生成反应,预防糖尿病。
3. 改善大肠功能,预防结肠癌。
4. 降低营养素的利用率。

(二)推荐摄入量

中国居民的膳食纤维的适宜摄入量是根据"平衡膳食宝塔"推算出来的。即 1 800 kcal 低能量膳食每天膳食纤维摄入量为 25 g;2 400 kcal 中等能量膳食为 30 g;2 800 kcal 高能量膳食为 35 g。

(三)食物来源

食物中的膳食纤维来自植物性食物,如水果、蔬菜、豆类、坚果和各种谷类。其中,蔬菜和水果的水分含量较高,因此膳食纤维的主要来源是谷物。全谷类(如麦麸等)富含膳食纤维,而精加工的谷类食品中则含量较低。

食物中含量最多的是不可溶膳食纤维,包括纤维素、木质素和一些半纤维素。谷物的麸皮、全谷粒和干豆类,蔬菜干和坚果也是不可溶纤维的良好来源,富含可溶膳食纤维的食物有燕麦、大麦、水果、豆类等。

第二部分　食物的营养价值

食物的营养价值通常指食物中所含的营养素和热量可满足人体营养需求的程度。营养价值高的食物是指所含营养素种类齐全、数量丰富,且它们之间比例适宜,也容易被人体消化吸收和利用的食物。在日常生活中,应根据不同食物的营养价值,合理食用多种食物,这样才能保持营养平衡,满足人体需要。

一、谷类

谷类食物包括大米、小米、大麦、小麦、燕麦、玉米、高粱等。在我国膳食结构中,谷类食物是热量和蛋白质的主要来源,人体每日摄取热量的60%~80%和蛋白质的50%~70%是由谷类食物提供的,谷类还是维生素B族和一些矿物质的主要来源。在日常饮食中,我们可将多种谷类混食(如谷类和豆类或动物性食物混食),以起到蛋白质的互补作用。

谷类中各种营养素的含量受品种、气候、土壤和施肥情况的影响而相差较大。下面以大米为例,将其营养素进行分析。

1. 碳水化合物

谷类中的糖类含量占70%~80%,主要成分是淀粉,占总量的90%左右。淀粉经烹调加工后容易消化吸收,是机体最理想、最经济的热量来源。

2. 蛋白质

谷类蛋白质含量占8%~15%。因为谷类蛋白质中所含必需氨基酸不够齐全,营养价值低于动物性食物,所以将多种谷类混食(如谷类和豆类或动物性食物混食),可提高蛋白质的互补作用。

3. 脂肪

谷类脂肪含量很低,除玉米和小米可达4%以外,其余谷类均在2%以下。谷类脂肪多为不饱和脂肪酸,因此具有降低血胆固醇,防止动脉粥样硬化的作用。谷类还含有少量的植物固醇和卵磷脂。

4. 矿物质

谷类矿物质含量为1.5%~5.5%,大多数分布在谷皮及糊粉层中,其成分主要是磷和钙。谷类矿物质多以植物钙镁复盐形式存在,是影响膳食中的钙、铁、锌等元素吸收和利用的主要原因。

5. 维生素

谷类是人类膳食中维生素B族的主要来源,特别是维生素 B_1、维生素 B_5、烟酸的重要来源。

二、蔬菜水果类

蔬菜和水果是某些维生素和矿物质的重要来源,含有纤维素、果胶和有机酸,蔬菜和水果能刺激胃肠道蠕动和消化液的分泌,对增强食欲和促进食物消化吸收能够起到重要作用。

（一）蔬菜

蔬菜按其品种分为叶菜类、根茎类、瓜茄类和鲜豆类。

1. 叶菜类

叶菜类蔬菜品种有油菜、白菜、空心菜、韭菜、芹菜等。它们主要提供胡萝卜素、抗坏血酸、核黄素和硫胺素等,富含较多的叶酸和胆碱,同时,也含有较高的铁、钙和磷,其中铁的含量特别高,可作贫血患者、孕妇和哺乳期妇女的重要食品。

2. 根茎类

根茎类蔬菜品种有土豆、甘薯、山芋、山药、胡萝卜、白萝卜、洋葱等。虽然其营养价值不如叶菜类,但其中的甘薯、山药、芋头等淀粉含量较高,被称为植物面包。特别是胡萝卜不仅含胡萝卜素,还含有木质素,具有防癌和降压作用。

3. 瓜茄类

瓜茄类蔬菜品种有南瓜、冬瓜、黄瓜、丝瓜、茄子、西红柿、青椒等。瓜茄类营养价值较低,但其中青椒、辣椒、西红柿和黄瓜的胡萝卜素和维生素 C 的含量较多,特别是西红柿本身含有机酸,能够保护抗坏血酸不被破坏。紫茄中含有烟酸,可防治高血压、动脉粥样硬化、脑出血等疾病。

4. 鲜豆类

鲜豆类蔬菜品种有扁豆、毛豆、豌豆、四季豆、蚕豆等。它们的蛋白质含量高,在膳食中可作为副食,能与谷类蛋白质起到互补作用。鲜豆类蔬菜中所含的糖类、硫胺素、钙、磷、铁均比其他蔬菜高,其中鲜豆类中含有的铁易被人体吸收和利用。

（二）水果

新鲜水果是维生素 C 的主要来源。酸枣含维生素 C 和烟酸最多,其次是柠檬、蜜橘、广橘、柚子。胡萝卜素含量丰富的水果有橙、杏、山楂、枇杷、杧果等,其中杧果含量最高。含铁多的水果是桃、李子、杏。水果中所含的矿物质和微量元素种类多、含量高,有利于维持体液的酸碱平衡。水果中的有机酸、果胶和纤维素可刺激胃肠蠕动,促进消化液的分泌,有助于食物的消化吸收。

三、肉、鱼虾及蛋类

（一）肉类

肉类食物包括畜和禽的肌肉、内脏及其制品。

1. 蛋白质

肉类食品含蛋白质为 10%～20%,主要存在于肌肉组织中。其氨基酸组成比例与人体组织蛋白接近,有很高的营养价值。

2. 脂肪

肉类的脂肪含量因动物的种类和部位的不同而有很大的差异,一般畜类瘦肉中含10%～30% 的脂肪,禽肉和内脏多在 10% 以下;而肥肉中脂肪高达 50%～80%。畜肉脂肪以饱和脂肪酸为主,熔点较高。在100 g标准下,肥肉中胆固醇含量可达109 mg,瘦肉胆固醇含量则为81 mg,内脏为200 mg以上。但禽类脂肪熔点低,易于消化和吸收。

3. 矿物质

肉类矿物质含量为 0.6%～1.2%,以铁和磷居多,并含有少量铜;钙含量不高,但吸收利用率却很高。动物内脏中含有丰富的锌和硒,其中肝脏还含有丰富的铁和铜。

4. 维生素

肉类维生素主要以脂溶性维生素和维生素 B 族为主。其在内脏中的含量比肌肉中的含量高,其中肝脏的含量最为丰富。另外,禽肉中还含有较多的维生素 E。

(二)鱼虾类

1. 蛋白质

鱼虾类蛋白质含量为 15%~20%,利用率高。其中蛋氨酸、苏氨酸和赖氨酸较丰富,是优质蛋白质的良好来源。

2. 脂肪

鱼虾类脂肪的含量为 1%~10%,鱼虾脂肪多由不饱和脂肪酸组成,鱼虾类中不饱和脂肪酸一般占到 60% 以上;熔点低;消化吸收率高达 95%。鱼虾中的不饱和脂肪酸对防治动脉粥样硬化和冠心病有明显作用。鱼虾类胆固醇含量一般为 60 ~ 114 mg,鱼子、虾子和蟹黄中胆固醇含量高达 354 ~ 940 mg。

3. 矿物质

一般鱼虾类矿物质含量为 1%~2%,其中锌的含量极为丰富,此外,钙、钠、氯、钾、镁等锌的含量也较高,其中鱼虾中钙的含量多于禽肉,但钙的吸收利用率较低。另外,海产鱼还含有丰富的碘。

4. 维生素

鱼的肝脏中含有丰富的维生素 A 和维生素 D,海鱼的肝脏是生产鱼肝油的原料。鱼类的肉中含有较多的维生素 B_1 和维生素 B_2 及烟酸。

(三)蛋类

人们日常食用的禽蛋主要有鸡蛋、鸭蛋、鹅蛋和鹌鹑蛋。其中鸡蛋产量最大,食用普遍。蛋类的营养全面、均衡,容易被人体消化和吸收。

1. 蛋白质

蛋类能够提供最优质的蛋白质,全蛋蛋白质含量为 10%~15%。鸡蛋含有人体所需的各种氨基酸,并且氨基酸的组成与人体组织蛋白所需模式接近,生物价达 95% 以上,是天然食物中最理想、最优质的蛋白质。

2. 脂肪

蛋清的脂肪含量极低,蛋类 98% 的脂肪存在于蛋黄中。蛋黄中的脂肪几乎全部以和蛋白质结合的乳化形式存在,消化吸收率高。蛋黄中脂肪含量为 28%~33%,其中中性脂肪含量占 62%~65%,磷脂占 30%~33%,固醇占 4%~5%。蛋黄中性脂肪的脂肪酸中以单不饱和脂肪酸最为丰富,约占一半,亚油酸约占 10%。蛋黄是磷脂的极好来源,以卵磷脂和脑磷脂为主。蛋类中的胆固醇含量很高,主要集中在蛋黄部分。

3. 矿物质

蛋类中的矿物质主要集中在蛋黄部分,蛋清中含量低。蛋黄中含矿物质 1.0%~1.5%,其中磷含量最为丰富。此外,蛋黄还提供多种微量元素,包括铁、硫、镁、钾、钠等。虽然蛋类中铁元素含量较高,但以非血红素铁的形式存在,由于卵黄高磷蛋白对铁的吸收具有干扰作用,故而蛋黄中铁的生物利用率较低,仅为 3% 左右。

4. 维生素

蛋类中维生素含量十分丰富,且品种较多,包括所有的维生素 B 族,脂溶性维生素 A、D、E、K 和微量的维生素 C。其中大部分的维生素 A、D、E、B_1 和 B_2 都存在于蛋黄中。

四、豆类、奶类及其制品

（一）豆类及其制品

1. 大豆

大豆中蛋白质含量较高,脂肪中等,糖类含量较低。大豆中蛋白质含量一般为 35% 左右,蛋白质中含有人体需要的全部氨基酸,属完全蛋白,其中赖氨酸和亮氨酸含量丰富,但蛋氨酸含量偏低。大豆与谷物混合食用,可发挥蛋白质的互补作用。大豆脂肪的含量为 15%~20% ,不饱和脂肪酸达 85% ,亚油酸占 50% 以上,亚麻酸占 2%~10% ,还有较多的磷脂。所以,大豆是预防高血压、冠心病、动脉粥样硬化等疾病的理想食品。大豆还含有丰富的维生素和矿物质,其中维生素 B 族、钙、铁的含量较高。

2. 其他豆类的营养价值

其他豆类蛋白质含量中等,脂肪含量低,糖类含量高。其中,蛋白质含量为 20%~25% ,脂肪含量约为 1% ,糖类含量在 55% 以上。此外,维生素和矿物质含量也比较丰富。

3. 豆制品的营养价值

豆制品主要是以大豆为原料加工制成的各类副食品,主要有豆腐、豆浆、豆腐乳、豆腐干、百叶、豆芽等。豆制品在加工过程中经过处理后,消化吸收率明显提高。豆腐蛋白质含量约为 8% ,豆腐干、豆腐丝、百叶等蛋白质含量达 17%~45% ,是钙和维生素 B_1 的良好来源。豆浆的蛋白质含量和鲜奶虽然差不多,但其脂肪和热量比鲜奶低,铁含量又比鲜奶高,其中钙、核黄素、维生素 A 和维生素 D 比鲜奶少。

（二）奶类及其制品

奶类包括牛奶、羊奶和马奶。奶类经过浓缩、发酵等工艺可制成奶制品。奶类及其制品几乎含有人体需要的所有营养素,除维生素 C 含量较低外,其他营养素含量都比较丰富。

1. 奶类

奶中的蛋白质含量约为 3.0% ,必需氨基酸的含量和构成与鸡蛋近似,属于优质蛋白质。奶中的脂肪含量为 2.8%~4% ,以较小的微粒分散在乳浆中,易消化吸收。乳脂中熔点低的脂肪酸含量占 30% ,亚油酸和亚麻酸分别占 5.3% 和 2.1% 。奶中所含的糖类为乳糖,含量为 3.4%~7.4% ,人乳最高,羊乳次之,最低为牛乳。牛乳中的矿物质主要有钠、钾、钙、镁、磷、硫、铜等,其中钙含量丰富且消化吸收率很高。牛乳中几乎含有所有种类的维生素,含量较多的是维生素 A 和维生素 B_2 。

2. 奶制品

奶制品主要包括炼乳、奶粉、酸奶、调制酸奶、奶油和奶酪等。炼乳为浓缩奶的一种,分为淡炼乳和甜炼乳。新鲜奶经低温真空条件下浓缩,除去 2/3 的水分后称为淡炼乳。淡炼乳因受加工因素影响,维生素受到一定程度的破坏,但经维生素补充并强化,按比例冲稀后,营养成分和鲜奶基本相同,适合婴儿和对鲜奶过敏者食用。甜炼乳含糖量达 45% 左右,不适合婴儿喂养,所以甜炼乳主要用于制作甜点或冲咖啡。

奶粉有含脂奶粉和脱脂奶粉两种。含脂奶粉是鲜奶经消毒、脱水再干燥成粉状而成,分加糖和不加糖两种。除挥发性脂肪、糖和维生素略有损失外,其他成分近似鲜奶。而奶粉经过热处理后,蛋白质更容易消化吸收。脱脂奶粉的脂肪含量一般不超过 1.3% ,其他营养成分和含脂奶粉相同。

五、油脂类

油脂类包括植物类油脂和动物类油脂。油脂类的脂肪含量在 99.2% 以上,主要提供大量的热量和丰富的脂溶性维生素,同时含有较多的铁、铜、锌、锰等矿物质。

第三部分　合理营养与膳食

一、平衡膳食

（一）平衡膳食的调配

平衡膳食，要求食物中含有的营养素种类齐全，数量与比例适当。

1. 热量平衡

食物供给的热量与机体消耗的热量保持平衡，以保持理想体重为宜。

2. 蛋白质、脂肪与糖类的比例

这三种营养素都是供能物质，它们比例的适当对维持机体正常代谢有重要作用。一般人的膳食中，它们在总热量中的比例为：蛋白质占 11%～15%，脂肪占 20%～30%，糖类占 55%～70%。也可根据情况进行适当调整，特殊情况者可超过此范围，如瘦身膳食中蛋白质的比例可达 18% 以上，低脂膳食的脂肪可在 10% 以下。

3. 氨基酸的比例

8 种必需氨基酸齐全，各氨基酸比值符合氨基酸模式，能提高蛋白质的生物价。膳食中除应含必需氨基酸外，还需含有非必需氨基酸。二者的比例为必需氨基酸占 40%，非必需氨基酸占 60%。

4. 氮、钙、磷的比例

我国成年人膳食中氮、钙、磷的比例应为 12∶0.66∶1。

5. 其他营养素比例

各种营养素在体内代谢过程中，相互间会有促进作用，也会有抑制作用。如维生素 B_1 能够促进糖代谢，蛋白质合成代谢中又需要维生素 B_2，因此当膳食中的糖类与蛋白质量增加时，此两种维生素也须相应地增加。再如，过量的铜、钙和亚铁离子可抑制锌的吸收，脂肪过多影响钙和铁的吸收等。因此，要注意各营养素之间的平衡，具体供给量可参照有关的营养素供给量标准。

6. 适当的食物纤维

缺乏食物纤维会使某些生理机能失调，并成为一些疾病的原因；食物纤维比例过大则影响其他营养素的吸收，故要适量。

（二）平衡膳食的组成

根据我国目前成年人的膳食情况，可将食物归纳为以下几类：粮谷（含薯）类、动物性食物（鱼、肉、奶、蛋）和豆类、蔬菜水果、食用糖和油脂类、盐和其他调味品。几类食物所占的质量比见表 2－1。

表 2－1　几类食物所占的质量比

粮谷（含薯）类	动物性食物和豆类	盐和其他调味品	食用糖和油脂类	蔬菜水果
30%～35%	20%～25%	35%～40%	2%～3%	2%

1. 粮谷(含薯)类

包括小麦、大米、玉米、小米等,是供给热能、维生素 B 族和矿物质的主要来源,还是我国人民蛋白质的主要来源。在成年人的膳食中,粮食摄入量应占膳食总量的 30%～35%。薯类食物的热量与谷物相近,但蛋白质含量低,不宜作为主要粮食。

2. 动物性食物和豆类

包括各种畜类、禽肉、蛋类、奶类、水产品、豆类及其制品,它们不仅能供给优质蛋白质,还是许多维生素和矿物质的重要来源。在成年人的膳食中,以占膳食总量的 20%～25% 为宜。

3. 蔬菜水果

包括的品种很多,是维生素、矿物质,以及食物纤维的重要来源,在膳食中应占 35%～40%。

4. 食用糖和油脂类

指烹调用食用糖和植物油,它们不仅能供给热能和必需脂肪酸,而且能促进脂溶性维生素的吸收,在成年人膳食中宜占 2%～3%。

5. 盐和其他调味品

不宜过多,在食物中应控制在 2% 左右。

二、健康的饮食习惯

(一)食物多样,谷类为主

人类的食物是多种多样的。各种食物所含的营养成分并不完全相同。除母乳外,任何一种天然食物都不能提供人体所需的全部营养素。平衡膳食必须由多种食物组成,才能满足人体各种营养需要,达到合理营养、促进健康的目的,因而要提倡人们广泛食用多种食物。

第一类为谷类及薯类:谷类包括米、面、杂粮,薯类包括马铃薯、甘薯、木薯等,主要提供糖类、蛋白质、膳食纤维及维生素 B 族。

第二类为动物性食物:包括肉、禽、鱼、奶、蛋等,主要提供蛋白质、脂肪、矿物质、维生素 A 和维生素 B 族。

第三类为豆类及其制品:包括大豆及其他干豆类,主要提供蛋白质、脂肪、膳食纤维、矿物质和维生素 B 族。

第四类为蔬菜水果类:包括鲜豆、根茎、叶菜、茄果等,主要提供膳食纤维、矿物质、维生素 C 和胡萝卜素。

第五类为纯热能食物:包括动植物油、食用糖和酒类,主要提供能量。此外,植物油还可以提供维生素 E 和必需脂肪酸。

(二)多吃蔬菜、水果和薯类

蔬菜与水果含有丰富的维生素、矿物质和膳食纤维。蔬菜的种类繁多,包括植物的叶、茎、茄果、鲜豆、食用藻等,不同品种所含营养成分不尽相同,甚至相差很大。红、黄、绿等深色蔬菜中维生素含量超过浅色蔬菜和一般水果,它们是胡萝卜素、维生素 B_2、维生素 C、叶酸、矿物质(钙、磷、钾、镁、铁)、膳食纤维和天然抗氧化物的主要或重要来源。如猕猴桃、刺梨、沙棘、黑加仑等也是维生素 C、胡萝卜素的丰富来源。

有些水果中维生素及一些微量元素的含量虽不如新鲜蔬菜,但有些水果中含有的葡萄糖、果糖、柠檬酸、苹果酸、果胶等物质比蔬菜丰富。红黄色水果如鲜枣、柑橘、柿子和杏是维生素 C 和胡萝卜素的丰富来源。

薯类含有丰富的淀粉、膳食纤维,以及多种维生素和矿物质。据调查,我国居民近 10 年来吃薯类较少,应当鼓励多吃薯类。

因此食用含丰富蔬菜、水果和薯类的膳食,对保持心血管健康、增强抗病能力、减少儿童眼干燥症的发生及预防某些癌症等方面起着十分重要的作用。

(三)常吃奶类、豆类及其制品

奶类除含丰富的优质蛋白质和维生素外,含钙量较高,且利用率也很高,是天然钙质的极好来源。我国居民膳食提供的钙质普遍偏低,平均只达到推荐摄入量的一半左右。我国婴幼儿佝偻病的患者也较多,这与膳食钙不足可能有一定的关系。大量的研究表明,给儿童、青少年补钙可以提高其骨密度,从而降低其发生骨质丢失的速度。因此,应大力发展奶类的生产和消费。

豆类是我国的传统食品,含大量的优质蛋白质、不饱和脂肪酸、钙及维生素 B_1、维生素 B_2、烟酸等。为提高农村人口的蛋白质摄入量及防止城市中过多消费肉类带来的不利影响,应大力提倡豆类特别是大豆及其制品的生产和消费。

(四)常吃鱼、禽、蛋、瘦肉,少吃肥肉和荤油

鱼、禽、蛋、瘦肉等动物性食物是优质蛋白质、脂溶性维生素和矿物质的良好来源。动物性蛋白质的氨基酸组成更适合人体需要,且赖氨酸含量较高,有利于补充植物性蛋白质中赖氨酸的不足。肉类中铁的利用率较好;鱼类特别是海产鱼所含不饱和脂肪酸有降低血脂和防止血栓形成的作用;动物肝脏富含维生素 A、维生素 B_{12} 和叶酸等,但有些脏器如脑、肾等所含胆固醇相当高,对预防心血管系统疾病不利。我国相当一部分城市和绝大多数农村居民平均吃动物性食物的量还不够,应适当增加动物性食物的摄入量。但大城市部分居民食用动物性食物过多,吃谷类和蔬菜不足,这对健康也会不利。

肥肉和荤油为高脂肪食物,摄入过多往往会引起肥胖,它们还是某些慢性病的危险因素,应当少吃。目前,猪肉仍是我国人民的主要肉食,猪肉脂肪含量高,因此应发展瘦肉型猪的生产。鸡、鱼、兔、牛肉等动物性食物蛋白质含量较高,且脂肪含量较低,产生的能量远低于猪肉。应大力提倡食用这些食物,适当减少猪肉的消费比例。

小贴士

三餐分配要合理。一般早、中、晚餐的能量分别占总能量的 30%、40%、30% 为宜。

(五)食量与体力活动要平衡,保持适宜体重

进食量与体力活动是控制体重的两个主要因素。食物为人体提供能量,体力活动消耗人体能量。如果进食量过大而活动量不足,多余的能量就会在体内以脂肪的形式积存,即增加体重,久之发胖;相反,若食量不足,劳动或运动量过大,可由于能量不足引起消瘦,造成劳动能力下降。所以人们需要保持食量与能量消耗之间的平衡。脑力劳动者的活动量相对较少,应加强锻炼,开展适宜的运动,如快走、慢跑、游泳等,而消瘦的儿童则应增加食量和油脂的摄入,以维持正常生长发育和适宜体重。体重过高或过低都是不健康的表现,可造成抵抗力下降,易患某些疾病,如老年人的慢性病或儿童的传染病等。经常运动可增强心血管和呼吸系统的功能,保持良好的生理状态、提高工作效率、调节食欲、强壮骨骼、预

防骨质疏松等。

（六）清淡少盐的膳食

清淡少盐的膳食有利于健康，即不要油腻，不要太咸，不要食用过多的动物性食物和油炸、烟熏食物。目前，城市居民油脂的摄入量越来越高，这样不利于健康。我国居民食盐摄入量过多，我国平均值是世界卫生组织建议值的2倍以上。流行病学调查表明，钠的摄入量与高血压发病呈正相关，因此食盐不宜过多。世界卫生组织建议每人每日食盐量不超过6 g为宜。膳食钠的来源除食盐外，还包括酱油、咸菜、味精等高钠食品，以及含钠的加工食品等。应从幼年就养成少盐的膳食习惯。

（七）饮酒应限量

在节假日、喜庆和交际的场合人们往往饮酒。高度酒含能量高，不含其他营养素。无节制地饮酒，会使食欲下降，食物摄入减少，以致发生缺乏多种营养素，严重时还会造成酒精性肝硬化。过量饮酒会增加患高血压、中风等疾病的危险，并可导致事故及暴力事件的增加，对个人健康和社会安定都是有害的。成年人应严禁酗酒，若饮酒可少量饮用低度酒，青少年不应饮酒。

（八）吃清洁卫生、不变质的食物

在选购食物时应当选择外观好，没有泥污、杂质，没有变色、变味并符合卫生标准的食品，严把"病从口入"关。进餐要注意卫生条件，包括进餐环境、餐具和供餐者的健康卫生状况。集体用餐要提倡分餐制，以减少疾病传染的机会。

第四部分　运动与营养

一、运动与营养素

（一）蛋白质与运动

1. 蛋白质对运动的影响

蛋白质与运动能力有关，机体内影响运动能力的因素有许多，如肌肉收缩、氧的运输与储存、物质代谢与生理机能的调节等，都与蛋白质有着密切的关系。而且氨基酸参与运动时的供能，它主要通过葡萄糖－丙氨酸循环的代谢过程提供运动中的能量；氨基酸氧化可提供运动中5%~15%的能量。在机体内肌糖原的储备充足时，蛋白质供能仅占总热能需要的5%左右；而当肌糖原耗竭时，蛋白质供能可上升至10%~15%；在大多数情况下，蛋白质供给6%~7%的能量。

2. 运动训练对蛋白质代谢的影响

运动可使体内蛋白质分解代谢加强，因此，机体对蛋白质的需要量同样增加。但不同性质的运动训练对蛋白质代谢的影响又有所不同。

（1）耐力训练：耐力训练可使骨骼肌线粒体的数目增多，体积增大，线粒体蛋白质和组成酶的活性得到提高。如训练后肌肉中代谢利用支链氨基酸的能力提高；肌肉内肌红蛋白量提高，使肌肉转运氧的能力也随之提高。

（2）力量训练：力量训练使训练肌的体积增大，肌纤维增粗，力量增强。这种适应性变化出现在快收缩肌纤维。肌肉粗大的原因主要是肌蛋白数量增多。例如，高蛋白饮食（2.8 g/kg体重）进行有氧和力量训练40天，与等热量中等蛋白饮食（1.39 g/kg体重）比较，高蛋白饮食者机体蛋白质增加更明显。

3. 过量补充蛋白质和氨基酸的副作用

一些运动者认为增加蛋白质营养会促进肌肉组织的生长，但事实证明必须在进行渐进性力量训练的前提下，补充适宜的蛋白质营养才能使肌肉增长。但是过量补充蛋白质和氨基酸会引起一系列的副作用：如蛋白质的代谢产物为酸性，会使肝、肾负担增加，导致肝和肾的肥大并使运动者容易疲劳；大量补充蛋白质可导致机体脱水、脱钙引发痛风，以及骨质疏松；而且高蛋白对水和无机盐代谢也不利，有可能引起泌尿系统结石和便秘；此外，高蛋白食物常伴随高脂肪和高胆固醇的摄入，会增加动脉粥样硬化和高脂血症的危险性。

> **小贴士**
>
> 补充蛋白质必须适度，并且与渐进性力量训练相配合。过量补充蛋白质和氨基酸反而会引起一系列的副作用，因为蛋白质的代谢产物为酸性，会使肝、肾负担增加，导致肝和肾的肥大并使人感到疲劳，此外，高蛋白食物常伴随高脂肪和高胆固醇的摄入，会增加动脉粥样硬化和高脂血症的危险性。

（二）脂肪与运动

1. 脂肪营养在运动中的意义

脂肪是膳食中浓缩的能源,体内 1 g 脂肪可以产生 37.7 kJ(9.46 kcal)的热能,是食物中供能最多的营养素。人体在休息状态下,60%的能量来源于体内脂肪。一般来说,运动强度越小,持续时间越长,依靠脂肪氧化供能占人体总能量代谢的比例就越高。当在小于 60%~65% VO$_2$max 强度下长时间运动时,要以脂肪酸的氧化供给为主;而在大于 60%~65% VO$_2$max 强度、持续时间短于 60 min 的运动中,则以糖的有氧氧化或无氧酵解供能为主。

脂肪氧化供能具有产热量高、耗氧量高的特点。糖原以水化合物的形式储存在细胞内,而脂肪则以无水的形式储存,因此,脂肪储能具有体积小的特点,另外,1 g 脂肪完全氧化可产生的二磷酸腺苷(ATP)质量是糖的 2.5 倍。脂肪酸氧化时的耗氧量较高,与糖相比,产生相等的能量时脂肪的耗氧量要比糖高出 11%。此外,脂肪必须在氧气充足的情况下才能完全氧化,在氧气不充足时会因氧化不全而产生酮体。酮体会使身体酸性增加,从而对机体和运动能力产生不良影响。

2. 运动对脂肪代谢的影响

系统的运动训练会使骨骼肌线粒体数量、体积、单位肌肉毛细血管密度、线粒体酶及脂蛋白脂肪酶的活力增加。因此运动水平越高的运动者氧化利用脂肪酸的能力越强。有资料显示,有高原训练的马拉松运动员在 70% VO$_2$max 的强度下进行 1 h 运动,其 75% 的热能来自脂肪。脂代谢加强后,可节约糖原的消耗,从而提高耐久力。有氧运动可使体内高密度脂蛋白胆固醇(HDL - C)增高,而甘油三酯和低密度脂蛋白胆固醇(LDL - C)相对减少,对防治动脉粥样硬化及冠心病有良好作用。有氧运动还可以使脂肪组织中的脂肪游离出来供能,而且运动可造成机体热能负平衡,这些都可以促使机体内脂肪的消耗,有助于减少体内脂肪,控制体重。

3. 过量摄入脂肪的副作用

脂肪代谢产物蓄积会降低耐久力并引起疲劳;过多摄入脂肪会降低蛋白质和铁等其他营养素的吸收;过多摄入脂肪还会带入外源性的食物胆固醇,引起高脂血症。

（三）碳水化合物与运动

1. 糖营养在运动中的意义

运动者在剧烈运动中要保证其膳食中有充足的糖,对维持血糖水平、保证运动中有充足的糖氧化供能,并使运动后肝糖原和肌糖原水平迅速恢复均有良好作用。体内糖原水平与耐久力密切相关。研究证实人体肌糖原水平影响耐力,并受膳食中糖类含量的影响,而且肌糖原水平的降低与疲劳的发生密切相关。在进行大于 1 h 的运动时,如长跑、游泳、自行车、滑雪、马拉松、铁人三项、足球、冰球、网球等,当体内糖储备耗竭时,可影响运动能力,特别是耐久力。

小贴士

需要补糖的运动项目是指 1 h 以上的持续性耐力运动,以及长时间(40~120 min)的高强度间歇性运动训练,如自行车、足球、冰球、网球等。一般短时间(少于 40 min)或强度不大的运动不需要补糖。

2. 运动补糖

运动前适量补糖可提高机体内肝脏和肌肉的糖原储备量,维持运动时血糖水平稳定;运动中适量补糖可提高血糖水平并可提高运动能力,维持较高的糖氧化速率,减少蛋白质和脂肪酸供能比例,延长运动的耐力,同时延缓疲劳的发生;运动后补糖可促进肝脏和肌糖原储备的恢复,缓解疲劳,促进体力恢复。

需要补糖的运动项目有 1 h 以上的持续性耐力运动,以及长时间(40~120 min)的高强度间歇性运动训练,如自行车、足球、冰球、网球等。一般短时间(少于 40 min)或强度不大的运动不需要补糖,因为短时间内运动,体内的糖储备足以提供大部分能量并满足需要。

(1)运动前补糖:可在大运动前数日内增加膳食中糖类至总能量的 60%~70%(或 10 g/kg),或在赛前 1~4 h 补糖 1~5 g/kg(赛前 1 h 补糖适宜采用液态糖)。关于避免在赛前 30~90 min 补糖,现有不同的观点和争论。有人提出运动前 1 h 摄入糖,使血浆糖和胰岛素增加,虽然肠道在进行性地吸收糖,但运动一开始,在血胰岛素升高、肌糖摄取增加、肝糖输出受到抑制等联合作用下,血糖下降;但另有人提出因为运动开始后,肾上腺素和去甲肾上腺素的释放会抑制胰岛素的分泌,因此血糖仍然升高。一般认为,运动前补糖有利于扩大体内糖原储备,增加糖的可利用度和氧化率,因此仍主张在运动前在不影响胃肠道功能的前提下,尽量多补充糖。

(2)运动中补糖:运动中,每隔 30~60 min 补充含糖饮料或容易吸收的含糖食物,补糖量一般不大于 60 g/h(1 g/min);可以少量多次饮用含糖饮料;也可以在运动中食用易消化的含糖食物(如面包、蛋糕、巧克力)等。

(3)运动后补糖:运动后,内源性糖原明显耗损应优先恢复。开始补糖的时间越早越好。理想的时间是在运动后即刻、前 2 h 补糖各 50 g,以后每隔 1~2 h 连续补糖。运动后 6 h 以内,肌肉中糖原合成酶含量高,可使存入肌肉的糖达到最大量,补糖效果最佳。补糖量为 0.75~1.0 g/kg,24 h 内补糖总量达到 9~16 g/kg 为宜。

3. 补糖类型

由于葡萄糖液具有高渗透性特点,单纯摄入葡萄糖液会对胃的排空产生一定的抑制作用;若以麦芽糊精和果糖的混合食品替代,则可克服这一缺陷,使胃排空速率增加。小肠吸收葡萄糖最快,有利于合成肌糖原;果糖吸收后主要在肝脏进行修饰,其合成肝糖原的量约为葡萄糖的 3.7 倍,果糖引起胰岛素分泌的作用较小,因此不抑制脂肪酸代谢。但使用量大时,可引起胃肠道紊乱,果糖的使用量不宜超过 35 g/L,并应与葡萄糖联合使用。低聚糖甜度小,其渗透压低,吸收速度比单糖和双糖慢,因此可通过补充低聚糖,使运动者获得较多的糖。

(四)水与运动

1. 运动者水和电解质代谢的特点

在日常性的大运动量的训练和比赛中,运动者的水代谢与普通人的水代谢有明显不同,主要表现为运动者会大量出汗。因为通气量增加,所以会从呼吸道丢失大量水分。出汗率与运动的持续时间、运动环境的温湿度和热辐射强度、运动员的适应程度等因素有关,环境的温度、湿度和热辐射强度越大,出汗率越高。

2. 脱水和复水对运动能力的影响

(1)脱水损伤运动能力:运动性脱水是指由于运动而引起体内水分和电解质(特别是钠离子)丢失过多。根据丢失水分的多少,可将运动性脱水分为轻度脱水、中度脱水和重度脱水。

(2)复水恢复运动能力:国内外实验研究报道,运动者如处于脱水情况不仅会增加热病的危险,而且其高强度运动能力或有氧耐力均会受到损害。有效地恢复运动训练中丢失的液体,即身体复水,可恢复运动者的运动能力。

> **小贴士**
>
> 不要在短时间内大量饮水,否则会造成恶心和排尿,不利于运动训练或比赛。补液的原则是少量多次,切忌暴饮。

3. 运动者补液的原则

(1)运动前补液:许多运动者往往不注意运动前补液,主要是对运动前补液的重要性认识不足。可在运动前 2 h 饮用 400 ~ 600 mL 的含电解质和糖的运动饮料,也可于运动前 15 ~ 20 min 补液 400 ~ 700 mL,要少量多次摄入,每次 100 ~ 200 mL,分 2 ~ 4 次喝完。

(2)运动中补液:如果运动中出汗量大,运动前的补液已经不能满足体液的平衡,为预防脱水的发生,有必要在运动中补液。补液的量根据出汗量而定。在一般情况下,补液的总量不超过 800 mL/h。运动中补液必须少量多次地进行,可以每隔 15 ~ 20 min 补液 150 ~ 300 mL,运动中的补液量一般为失汗量的 50%~70%。运动后仍然需要继续补液,使液体的进出达到平衡。

(3)运动后补液:运动者在运动中常常只能补充汗液丢失量的 50%,因为体液恢复较慢,而且不完全,因此运动后也要进行补液。当补液量大于出汗量,并达到出汗量的 150% 时,体液才能较快地达到平衡。除补液外,还应补充能量。饮料的糖浓度可以在 5%~10% 的范围内,钠盐的含量可为 30 ~ 40 mmol/L,以使体内快速复水。运动后应补充的液体总量可通过运动前后体重差来确定补液的量,并找出自己所能耐受的补液量。补液的原则是少量多次,切忌暴饮。

(五)矿物质与运动

1. 钙与运动

(1)运动对钙代谢的影响:营养调查常有运动者钙缺乏或钙不足现象,尤其是女运动员。其原因主要有:一是女运动员钙摄入量不足,每天只有 800 mg。控体重和闭经期的女运动员有 1/3 存在钙摄入量不足的问题。很多人选择膳食不当,在钙供给量充足的情况下发生摄入量不足的原因主要是过高估计摄入量,如 1 200 mg 钙相当于 1 000 mL 的液体牛奶、130 g 的硬奶酪或 640 ~ 4 200 g 绿叶蔬菜。二是钙丢失量大。运动者在运动训练中要从汗液中丢失大量的钙。汗液中钙含量约为 2.55 mmol/L。

(2)钙营养对运动能力的影响:由于钙在维持神经和肌肉细胞的兴奋性、骨骼肌的收缩、细胞内第二信使等方面具有重要功能,钙营养的平衡对保持运动能力的作用非常重要。钙缺乏可引起肌肉抽搐,长期钙摄入不足可导致骨密度下降、骨质疏松和应激性骨折。

(3)膳食钙营养保障措施:奶和奶制品是钙的良好来源,含钙丰富而且容易吸收,乳糖不耐受者还可以选择酸奶或是每次少饮的方法。海产品、豆制品、芝麻也是钙的良好来源。

2. 铁与运动

(1)运动对铁代谢的影响:对于运动者,铁缺乏一直是一个备受关注的、与全身健康和运动能力有关的问题。运动训练使铁的需要量和丢失量增加。研究表明,运动可加快铁在机体中的代谢,长期运动训练使组织内储存铁的含量明显下降。如果按运动者出汗 4 000 mL推算,从汗液中丢失的铁可达 1.45~3.70 mg。运动者在训练期膳食铁的吸收率为 8.77%±2.90%,明显低于停训期的 11.90%±4.47%。

(2)铁营养对运动能力的影响:铁储备少会增加贫血的发生率,并影响运动成绩。近期的研究资料表明,运动者的铁营养状态不仅与运动能力有关,而且与认知能力有关。补充铁剂对改善铁营养状况、提高运动能力的效果非常显著。另外,铁属于活跃金属,在体内可引起自由基反应。如果过量补充铁,有可能造成铁的毒性反应,反而对运动能力产生不良影响。

(3)膳食铁营养保障措施:对于已经出现贫血的运动者,需要进行补铁治疗。由于大剂量的铁可能引起中毒,补铁应严格在医生监督下进行。预防性补铁应采用小剂量,每日 0.1~0.3 g,不可超过 3 个月。动物铁主要是血红铁素,比蔬菜来源的铁更易于吸收。肉类膳食(如禽和鱼)与蔬菜混合食用可增加对蔬菜铁的吸收;与含维生素 C 的食物(如橙汁)同时食用可增加对动物铁的吸收。

3. 锌与运动

(1)运动对锌代谢的影响:长期进行大运动量训练可使运动者血清锌含量处于较低水平。运动者血清锌含量低与运动者的锌代谢较快、排出增多、吸收率下降等因素有关。运动者在高温环境中进行运动训练,每天从汗液丢失的锌可达5 mg。训练期的锌吸收率为 33.5%±24.1%,明显低于停训期的 45.6%±23.3%。

(2)锌营养对运动能力的影响:充足的锌营养对肌肉的正常代谢十分重要,锌缺乏可引起肌肉生长发育缓慢和质量减少。给锌不足的运动者补锌,可加强运动员肌肉代谢,提高肌肉力量。

(3)膳食锌营养保障措施:一般情况下,运动者通过选择富含锌的食物,可以达到运动者对锌的需要量。锌的主要食物来源是动物性食品,其中,肉类、蛋类和海产品含量较高,蔬菜、水果含量较低。如果膳食锌供给不足,可以考虑使用膳食锌补充剂。

(六)维生素与运动

1. 运动对维生素代谢和需要的影响

运动者维生素需要量应高于静态生活的人群主要是由于以下三种情况:①运动训练使胃肠道对维生素吸收功能下降;②汗液、尿液及粪便排出量增加;③体内维生素的周转率加速;④高强度运动训练的初期适应或急性运动训练使能量代谢突然增加。

运动者应该是补充维生素的主要目标人群。额外补充维生素的目的是增强运动竞技能力,延缓疲劳发生和加速能量恢复。但因缺乏营养知识和错误的观念,许多运动员仍然采用大剂量补充维生素的措施,补充剂量超过推荐量的 10 倍,甚至上千倍,不仅花费大,而且某些脂溶性维生素(如维生素 A 和维生素 D)可在体内蓄积,形成毒素,危害健康。

2. 维生素与运动能力

(1)水溶性维生素:补充维生素与运动能力关系的研究结果常不一致。让受试者食用维生素 B_1、维生素 B_2、维生素 B_6 和维生素 C 含量低的食物(摄入量仅能满足需要量的 1/3 左右),8 周后,这 4 种维生素的血液指标表现出轻度和中度的缺乏,运动能力测试结果为有氧做功量降低 16%,无氧做功量降低 24%;当以 2 倍的维生素需要量进行补充时,2 周后,这些受试者的做功能力得到改善,但未能恢复到缺乏前状态,所以在赛前要校正维生素 B 族缺乏状态,至少应在比赛的 2~3 周前补充,补充时间短可能会不起作用。

(2)脂溶性维生素:有关补充维生素A和维生素D引起运动能力的生理或生化指标改变,尚未见到报道。补充维生素A好像并不能起到提高运动能力的作用。

维生素E的补充对提高高原训练的运动能力具有重要意义。维生素E补充后,在海拔1 667 m处的最大吸氧量增加9%;在5 000 m处增加了14%。在一般运动训练情况下,不鼓励补充维生素E,尤其是大剂量补充,因为大量补充维生素E可减弱蛋白质分解。某些蛋白质分解是刺激肌肉运动后蛋白质合成所需要的。

3. 过量摄入维生素的副作用

过量补充某一种维生素会引起体内维生素的不平衡。脂溶性维生素A和维生素D的过量摄入可在体内蓄积而引起中毒,即使是过量补充水溶性维生素,也会引起严重的副作用。例如,过量的维生素C会引起胃肠道不适等。

二、运动补剂

竞技体育运动训练对运动者在体能和生理负荷等方面要求极高,运动者经常处于生理应激状态,并可达到生理的极限负荷。所以除食用与健康人相似的平衡膳食外,运动者还常常使用运动补剂,目的是将运动能力提高到超过摄入一般平衡膳食的水平。在特定条件下,合理使用运动补剂可起到提高运动能力或延缓疲劳发生的作用。没有一种营养物质能对所有的运动员都生效。此外,机体营养状态良好时,过多补充营养物质反而会产生有害作用。

下面介绍一些常用的运动补剂。

(一)乳清蛋白

乳清蛋白是利用现代生产工艺在牛奶中提取的蛋白质。牛奶中87%是水;13%的固体中有37%是乳糖,30%是脂肪,27%是乳蛋白,6%是矿物质。而乳蛋白中只有20%是乳清蛋白,80%都是酪蛋白。乳清蛋白的胆固醇、脂肪乳糖含量都很低,易消化吸收,与其他蛋白质比较,具有最高的生物利用价值。

1. 乳清蛋白的生物学功能

(1)促进机体蛋白质的合成:乳清蛋白中含有大量的支链氨基酸,研究证实,支链氨基酸对促进蛋白质合成和减少蛋白质分解起着重要作用。亮氨酸及其氧化产物抑制蛋白质水解酶活性,有利于肌肉蛋白质合成,使瘦体重增加。同时,乳清蛋白中含有丰富的赖氨酸、精氨酸,而精氨酸具有刺激生长激素分泌和释放的作用,从而促进肌肉蛋白质合成代谢,有利于肌肉的生长,并且促进脂肪分解代谢,降低体脂含量。

(2)提高机体免疫功能:谷氨酰胺是淋巴细胞和巨噬细胞在免疫反应过程中的重要底物,高速利用谷氨酰胺生成嘌呤和嘧啶核苷酸有利于合成更多的DNA,使免疫细胞增殖加速。长时间大强度运动后血糖降低,此时谷氨酰胺主要参与糖异生以维持血糖浓度,谷氨酰胺不能满足免疫细胞的需要,这是运动造成机体免疫力下降的主要原因。

乳清蛋白中含有丰富的支链氨基酸和谷氨酸,谷氨酸可转化为谷氨酰胺,亮氨酸可作为谷氨酰胺合成的前体。同时支链氨基酸为糖异生提供原料,减少机体谷氨酰胺的消耗,维持机体免疫功能提高的作用,并且乳铁蛋白能够抑制和杀死引起胃肠道感染和食物中毒的细菌。

(3)延缓中枢疲劳的发生和发展:摄入一定量的乳清蛋白可以提高机体血液中支链氨基酸的浓度,降低色氨酸支链氨基酸的比值,减少色氨酸进入中枢神经细胞的比例,降低中枢神经细胞中5-羟色胺(5-HT)的浓度,缓解中枢疲劳的发生和发展。

(4)提高机体的抗氧化能力:乳清蛋白中的α-乳白蛋白、牛血清蛋白、乳铁蛋白富含胱氨酸残基,能进入细胞膜还原成两个半胱氨酸,合成谷胱甘肽(GSH),维持细胞和组织GSH水平。GSH是细胞内最重要的抗氧剂,是机体抗氧化系统、细胞免疫系统和骨骼肌细胞必需的物质,从而增强机体抗氧化能力,提高肌肉耐力、做功能力及延缓疲劳的发生。

2. 乳清蛋白的摄入量

由于乳清蛋白对维持和提高运动者身体机能及对促进运动能力具有良好的作用,因此是运动员经常补充的重要蛋白质营养品。在大负荷运动训练期间,为了保证蛋白质的恢复和促进运动员身体机能水平提高,乳清蛋白的摄入量可以提高到总蛋白质摄入量的50%,甚至更多;而一般训练期乳清蛋白补充量只需要维持在每天20 g左右,就能够充分体现乳清蛋白对机体的有利作用。

而对于健身健美爱好者来说,为了尽快壮大肌肉,使得肌肉具有良好的形态和体积,补充乳清蛋白是一个良好的选择。一般摄入量在50 g以上,当然具体摄入量要根据健身、健美爱好者的体重及具体目的进行适当的调整。但是过度摄入蛋白质(包括乳清蛋白)对壮大肌肉和质量并没好处,容易造成血氨的升高,反而对机体产生不利影响。

(二)谷氨酰胺

谷氨酰胺是血浆和骨骼肌中含量最丰富的游离氨基酸,占骨骼肌游离氨基酸的50%~60%,占血浆氨基酸的20%,是蛋白质、核酸、谷胱甘肽,以及其他重要生物大分子合成的必需营养素,并且是合成免疫细胞嘌呤和嘧啶核苷酸等重要的氨基酸来源。免疫细胞所需大量谷氨酰胺主要由骨骼肌提供,已知支链氨基酸是肌细胞合成谷氨酰胺的氮源,并影响肌细胞内谷氨酰胺的释放,骨骼肌内谷氨酰胺合成速度高于其他氨基酸。谷氨酰胺在机体中的正常浓度可使淋巴细胞的增殖反应达到最大值。若血液中谷氨酰胺浓度低于正常水平,免疫细胞功能将会下降。

小贴士

对于健身健美爱好者来说,为了尽快壮大肌肉,使得肌肉具有良好的形态和体积,补充乳清蛋白是一个良好的选择。但是过度摄入蛋白质(包括乳清蛋白)对壮大肌肉和质量并没好处,容易造成血氨的升高,反而对机体产生不利影响。

---

1. 谷氨酰胺对运动能力的主要影响

(1)谷氨酰胺是一种强有力的胰岛素分泌刺激剂:研究表明,补充谷氨酰胺,可以提高机体生长激素和胰岛素生长因子的分泌,这对机体运动后恢复能力具有积极的意义。

(2)促进免疫机能的提高:由于谷氨酰胺是免疫细胞的重要原料,运动训练造成谷氨酰胺的消耗增加,导致免疫细胞增殖的降低,补充谷氨酰胺可以维持或提高谷氨酰胺的浓度,从而缓解由于大强度运动训练造成的免疫抑制。

(3)提高机体的抗氧化能力:谷氨酰胺作为谷胱甘肽合成所需谷氨酸的前体物质,可以有效地穿过细胞膜,进入细胞,并在活化的谷氨酰胺酶作用下,在线粒体内脱氨基产生谷氨酸和氨,合成的谷氨酸又进入细胞质内,参与谷胱甘肽的合成,从而提高了机体抗氧化能力。

2. 谷氨酰胺的摄入量

谷氨酰胺是运动员维持身体机能水平、促进恢复、提高机体免疫机能的重要营养补剂。但大量补充谷氨酰胺也具有一定的副作用,主要表现为血氨升高,从而对运动能力产生一定的影响。为了克服谷氨酰胺的副作用,建议谷氨酰胺服用量为 5 ~ 10 g/d,在健身后服用。

(三)肌酸

人体内的肌酸主要在肝脏、肾脏中合成,通过血液循环运输至肌肉中,再通过肌酸激酶接受 ATP 的能量合成磷酸肌酸,以储存能量。人体中含磷酸肌酸 120 ~ 140 g,其中 95% 存在于骨骼肌中。正常人体肌肉肌酸含量为 120 ~ 125 mmol/kg 干体重肌肉。人体肌肉肌酸含量的上限为 160 mmol/kg 干体重肌肉,当肌酸的补充达到这个标准时,肌肉肌酸含量就不再增加了。摄入多余的肌酸将由肾脏排出体外。

1. 肌酸对运动能力的主要影响

目前研究一致认为补充肌酸对于提高肌酸池含量、提高机体最大做功能力具有积极意义,这主要是因为补充肌酸可以使肌肉组织中肌酸含量增加,磷酸肌酸含量增加,从而提高高强度运动时再合成 ATP 的能力,进而维持了高强度运动时 ATP 水平的稳定,提高最大功率输出能力。故对于以磷酸原供能系统为主的运动项目,肌酸是首选的营养补剂。

最新研究表明,补充肌酸对有氧代谢能力同样具有积极的意义。补充肌酸可改善和提高骨骼肌线粒体的功能;可促进肌糖原储备量的提高;可降低肌肉蛋白质分解代谢;可促进肌酸 – 磷酸肌酸穿梭,有利于有氧氧化供给为主的耐力性运动能力的提高。

2. 肌酸的摄入量

肌酸使用的冲击量为每日 20 g,服用 5 ~ 7 日,总肌酸储量增加 15% ~ 30%,磷酸肌酸的储量增加 10% ~ 40%。肌酸和磷酸肌酸储量增加的作用在于维持高强度运动时的 ATP 水平,并促进反复高强度运动的间歇期磷酸肌酸的再合成。

维持量为每日 2 ~ 5 g,服用 4 ~ 5 周。使用肌酸的同时,服用含糖的饮料将有助于肌肉摄取更多的肌酸,从而提高肌酸补充的效果。最近的研究表明,每天补充 20 g 肌酸的同时补充 380 g 葡萄糖,5 天后,肌肉中肌酸的含量比单纯补充肌酸要高 10%。

大多数研究认为,短期的肌酸补充(每日 20 ~ 25 g,服用 7 日)可以使体重增加 0.7 ~ 1.6 kg,其原因是肌酸刺激了水滞留和蛋白合成。一些长训练期(7 ~ 140 天)补充肌酸的研究也表明,体重和瘦体重均明显增加,而总体水占总体重的比例不发生变化。

(四)左旋肉碱

肉碱有两种立体构型,即左旋肉碱(L – 肉碱)和右旋肉碱(D – 肉碱)。对人体代谢起作用、在人体内具有生物活性的是左旋肉碱;右旋肉碱完全无活性,甚至会抑制左旋肉碱的利用。一般而言,肉碱均指左旋肉碱。

左旋肉碱是一种类似维生素的重要营养物质。在人体内,赖氨酸、蛋氨酸、烟酸等物质可合成少量的肉碱。红肉及动物产品是肉碱的主要食物来源,而一般人只能从膳食中吸收 50 mg。为使身体达到理想的健康状态,每日膳食应摄入不少于 250 ~ 500 mg 的左旋肉碱。运动人群、精神高度紧张的人群和缺乏左旋肉碱的人需额外补充,尤其对于大运动量健身人群更需要补充。

1. 左旋肉碱的生理功能

(1)左旋肉碱是活化的长链脂肪酸穿过线粒体内膜的载体,左旋肉碱可以促进长链脂肪酸进入线粒体基质被高活性的 β - 氧化酶系统所氧化,有利于节省肌糖原。

（2）左旋肉碱可以通过乙酰的比值,促进丙酮酸脱氧酶的活性,从而加速丙酮酸的氧化利用,减少乳酸的堆积。

（3）左旋肉碱促进支链氨基酸的氧化作用,维持运动时的能量平衡。

（4）左旋肉碱促进乳酸和氨的消除,有利于疲劳的消除等。

研究表明,服用左旋肉碱有利于有氧和无氧代谢能力的提高,但其具体效果仍有争论。由于左旋肉碱可以促进脂肪酸的利用,因此常作为减脂人群减少体脂含量的运动补剂。

2. 左旋肉碱的摄入量

运动实践中一般采用口服左旋肉碱 500 ~ 1 000 mg,分两次服用,便可显著提高血浆和肌肉内左旋肉碱的浓度。补充后可以加快脂肪燃烧,以便提供给人体的能量,从而达到消耗体脂的效果。由于左旋肉碱是肌肉的天然成分,小剂量的补充未发现任何副作用,但大剂量补充会引起腹泻等不良反应。

第三篇　健身运动系统训练

第一部分　抗阻训练

一、肩部训练

肩部就像机械中的滚珠一样,连接着上臂肱骨和肩胛骨。肩部运动包括6个主要动作:弯曲、伸展、外展、内展,以及内旋和外旋。肩部弯曲时,上臂抬起向脸部弯曲。肩部伸展时,手臂向后伸展超过身体平面。进行外展时,手臂向上移动到身体一侧。内展时,手臂朝下拉向身体。在进行水平的外展和内展时,手臂需要与肩齐高,类似于胸部伸展或后三角肌伸展动作。

肩部的三角肌包括三个独立的部分或三个头,每个部分在手臂运动时向不同的方向运动。三角肌的三个头由多个肌腱附着在肩关节上,合并成一个肌腱,与上臂的肱骨相连。前三角肌连接着锁骨,可将手臂向前抬起(肩部弯曲动作)。侧三角肌连接肩峰,使手臂举起并向身体外侧伸展(肩部外展训练)。后三角肌连接着肩胛骨,使手臂向后移动(肩部伸展)。

肩袖肌群是一组围绕在肩关节周围的保护套。尽管几乎看不见这组肌群,但是肩袖肌群是保证肩部稳定有力的关键所在。所有的肌肉由肩胛骨开始,通过肩部关节与上臂的股骨相连。冈上肌位于关节上方,负责将手臂向外抬起(如招呼出租车时的姿势)。冈下肌和小圆肌位于关节后方,负责手臂向外旋转(如搭顺风车时的姿势)。肩胛下肌位于关节前方,负责手臂向内弯曲(如双臂交叉环抱在胸前的姿势)。

图3-1　杠铃推肩

（一）杠铃推肩（见图 3 - 1）

1. 训练步骤

（1）坐于长凳上，手握杠铃与肩同宽，手掌向前。

（2）双手在胸前，慢慢降低高度，直到触及上胸位置。

（3）垂直向上推举杠铃，直到肘关节关闭（手臂伸直）。

2. 涉及的肌肉

（1）主要肌群：前三角肌。

（2）辅助肌群：侧三角肌、肱三头肌、斜方肌、上胸大肌。

3. 训练要点

（1）手间距：肩宽握式是进行前三角肌练习时最常用的握式，虽然握距稍宽会对三头肌的锻炼强度降低，但握距过窄则容易增加肩部受伤的风险。

（2）运动范围：关节关闭的过程中减少三头肌的参与，在关节关闭前三角肌保持紧张，通过短距离重复练习，可增加肌肉的压力。

（3）身体姿势：以上身笔直的坐姿进行运动，比站立举杠铃的要求更加严格，可防止站立时利用腿部力量将杠铃举起，而非肩部的力量。

· 变化动作

颈后推举：这个版本的变化动作使肩部更加向外扭转。但是完成此动作时要注意的是，杠铃是由颈部后方推起，从而会加大肩部受伤的风险。

（二）器械肩部推举（见图 3 - 2）

图 3 - 2　器械肩部推举

1. 训练步骤

（1）坐于器械上，后背挺直，握住手柄。

（2）垂直向上推举,直到肘关节关闭(手臂伸直)。

（3）逐渐降低推举的高度,直到与肩齐高。

2. 涉及的肌肉

（1）主要肌群:前三角肌。

（2）辅助肌群:侧三角肌、肱三头肌、斜方肌、上胸大肌。

3. 训练要点

（1）握式:中立握式(掌心相对)比正握式(掌心向前)更能加强前三角肌的锻炼。

（2）运动范围:关节闭合之前进行短距离重复练习,停止施压,始终保持三角肌处于紧张状态。

（3）身体姿势:坐直,利用脊椎支撑后背(根据使用的器械而定)。

（三）坐姿哑铃推举(见图3－3)

图3－3　坐姿哑铃推举

1. 训练步骤

（1）坐于长凳上,双手各举一个哑铃,保持与肩同高,手掌向前。

（2）垂直向上推举哑铃,直到肘关节闭合(手臂伸直)。

（3）双臂逐渐降低高度,直到哑铃触到肩膀。

2. 涉及的肌肉

（1）主要肌群:前三角肌。

（2）辅助肌群:侧三角肌、肱三头肌、斜方肌、上胸大肌。

3. 训练要点

（1）握式:哑铃方向的变化会对握式产生影响。正握式(掌心向前)向上推举哑铃,主要练习前三角肌和侧三角肌。中立握式(掌心相对)将哑铃向上推举,前三角肌受力更大,侧三角肌参与较少。掌心向后反握式(握住哑铃)会增加前三角肌的锻炼效果。

(2)身体姿势:以上身笔直的坐姿进行运动,比站立举杠铃的要求更加严格,可防止站立时利用腿部力量而非肩部力量将哑铃举起。

·变化动作

推举哑铃的变化握式:此版本的练习利用三种不同的哑铃握式进行重复练习。练习开始时反握式(手背向前),在推举过程中扭转哑铃时中立握式(掌心相对);最终将哑铃举起并完成上举时正握式(掌心向前),闭合肘关节。

单臂交替推举哑铃:进行单次单臂哑铃推举动作,左右两臂交替进行。

(四)坐立哑铃侧平举(见图3-4)

图3-4 坐立哑铃侧平举

1. 训练步骤

(1)坐于长椅上,双手各握一个哑铃,手臂自然下垂。

(2)手臂由身体两侧开始向上平举,最终高度与肩膀平行。

(3)手臂向下,还原到初始姿势。

2. 涉及的肌肉

(1)主要肌群:侧三角肌。

(2)辅助肌群:前三角肌、后三角肌、斜方肌、冈上肌。

3. 训练要点

(1)身体姿势:以上身笔直的坐姿进行运动,比站立举杠铃的要求更加严格,可防止站立时利用腿部力量而非肩部力量将哑铃举起。后背挺直有利于支撑身体,同时减少了下背部的压力。

(2)运动范围:手臂与肩膀平行时停止平举动作,保持侧三角肌的紧张状态。如果哑铃过高,主要受力肌肉为斜方肌。

(3)握式:哑铃与地面平行时,受力最大的是侧三角肌。如果拇指向上翻转哑铃会造成肩部外翻,使前三角肌协助完成这个动作;而拇指向下翻转哑铃会造成肩部内翻,使后三角肌参与锻炼。

(4)阻力:由于重力作用,在刚举起哑铃时阻力较小,但是随着手臂逐渐升高至肩膀位置,阻力会逐渐增大。

(五)拉力器侧平举(见图3-5)

图3-5 拉力器侧平举

1. 训练步骤

(1)站在器械侧面,单手握住D形手环,从右下侧向上拉。

(2)握住D形环的手臂向外侧画弧线抬起,直到肩膀和手臂与地面平行,保持手臂伸直。

(3)手臂向下,落于腰间。

2. 涉及的肌肉

(1)主要肌群:侧三角肌。

(2)辅助肌群:前三角肌、后三角肌、斜方肌、冈上肌。

3. 训练要点

(1)运动范围:手臂抬起至肩部高度,与地面保持平行时终止平举动作,这样能够保证侧三角肌的紧张状态。如果手臂抬起过高,主要参与的肌肉为斜方肌。在手臂抬起的过程中,抬至30°角时,冈上肌协助侧三角肌进行运动。将拉力器拉至与握D形手环的手臂不同侧的大腿方向,能够增加运动范围。

(2)轨迹:手臂从身体两侧或某一侧直接进行平举时,主要是针对侧三角肌进行锻炼。前平举时主要的受力肌群为前三角肌,而从后方抬起手臂主要锻炼后三角肌。

(3)阻力:不同于哑铃侧平举。手臂进行拉力器侧平举的过程中,拉力器在整个运动过程中提供一致的阻力。

（六）器械侧平举（见图3-6）

图3-6　器械侧平举

1. 训练步骤

（1）坐于器械上，肘部紧贴挡板，握住手柄。

（2）肘部向上抬起，直到上臂达到肩膀高度，手臂与地面平行。

（3）肘部向下，还原到身体两侧。

2. 涉及的肌肉

（1）主要肌群：侧三角肌。

（2）辅助肌群：前三角肌、后三角肌、斜方肌、冈上肌。

3. 训练要点

（1）运动范围：在运动过程中，器械会对身体产生不同的阻力。初始时，冈上肌只是协助运动，如果肘部抬起位置过高，超过肩部，斜方肌便会参与运动。

（2）握式：采用正握式（手掌向下）使肩背部内翻，主要针对侧三角肌进行锻炼。中立握式（手掌相对）或反握式（手掌向后）使肩部外翻，此时增加前三角肌在运动过程中的力量。要想改变肩部的扭转方向，调整肘部挡板即可，不用调整手柄握式。

（3）轨迹：改变手臂抬升轨迹会相应地改变着力的三角肌。肘部由身体两侧直接平举对侧三角肌进行锻炼。肘部平举的同时将肘部位置调整至挡板前段，使前三角肌也加入进来，辅助运动。

· 变化动作

单臂器械侧平举：单臂单次完成这个动作可以提高锻炼的针对性。有些器械因设计不同，健身爱好者可以面对器械，在接触胸板时保持身体稳定。

（七）哑铃屈体侧平举（见图3－7）

图3－7　哑铃屈体侧平举

1. 训练步骤

（1）双手各握一个哑铃，手臂自然下垂，以腰部为中心，上身向前弯曲，背部挺直抬起头。

（2）双手手掌相对，手臂伸直，将哑铃侧举至耳朵的高度。

（3）手臂缓慢放下，还原到初始姿势。

2. 涉及的肌肉

（1）主要肌群：后三角肌。

（2）辅助肌群：侧三角肌、斜方肌、菱角肌、冈下肌、小圆肌、大圆肌。

3. 训练要点

（1）握式：哑铃的握式会影响肩关节翻转的程度。采用中立握式（拇指向上）可以使侧三角肌参与运动。正握式（拇指向内）主要针对后三角肌进行锻炼，因为此时肩关节向内翻转，在运动中侧三角肌着力相对减少。

（2）阻力：受重力影响，随着手臂由低到高，阻力会逐渐增大，哑铃到达耳侧时阻力达到最大。

（3）轨迹：改变手臂上举的轨迹，会对不同的三角肌进行锻炼。上半身弯曲的角度与地面平行时，主要锻炼后三角肌。如果上身倾斜但胸部挺直，那么后三角肌在运动中作用最大。

· 变化动作

头部支撑，哑铃侧平举：运动者站在一个倾斜的长凳后方。上半身向前弯曲，直到头部碰到长凳靠背顶部,这样就设定了一定的高度使得运动者身体尽量与地面平行。头部得到支撑后虽然限制了脊椎的运动,但是也可以防止利用摆动的作用力将哑铃举起。

(八)拉力器屈体侧平举(见图3-8)

图3-8 拉力器屈体侧平举

1. 训练步骤

(1)站在拉力器中间,双手各握住连接低处滑轮的手环。双手交叉,左手握右手环,右手握左手环。弯曲上半身与地面平行,同时保持背部挺直。

(2)同时抬起双手在空中画弧线,手臂侧平举与肩齐高,此时两条拉力器成交叉状。

(3)双手放下,还原到初始姿势,此时右手在左侧脚踝正前方,同样,左手在右脚踝正前方。

2. 涉及的肌肉

(1)主要肌群:后三角肌。

(2)辅助肌群:侧三角肌、斜方肌、菱角肌、冈下肌、小圆肌、大圆肌。

3. 训练要点

(1)轨迹:为了加强后三角肌的锻炼,手臂应该直接向身体两侧伸出。如果手臂上举时轨迹靠前,斜方肌和侧三角肌则加入运动。

(2)身体姿势:上半身与地面保持平行时,就能成功地将后三角肌与其他肌群隔离;反之,胸部与头抬起产生倾斜时,将达不到锻炼后三角肌的效果。

(3)运动范围:运动开始时,如果双手可以交叉(拉力器不交叉),可以增加运动范围。也就是增加了手臂伸展的距离,更加有利于后三角肌的锻炼。

(4)阻力:与举哑铃不同,拉力器屈体侧平举过程中的阻力是不变的。

(5)握式:拉力器的握式及手的姿势不能发生变化。

·变化动作

单臂拉力器屈体侧平举:单臂完成此动作。单侧练习可以使手臂抬得更高,增加伸展距离,因此后三角肌着力更多。为了保持身体的平衡和稳定,另外一只手可以扶在大腿上。

(九)器械后三角肌拉伸(见图3－9)

图3－9　器械后三角肌拉伸

1. 训练步骤

(1)站立于后三角肌拉伸器械前,胸部顶在挡板上。双手在身前握住手柄,与肩膀齐高,向身体两侧拉伸。

(2)在保持肘关节与肩膀齐高、与地面平行的情况下,尽量将手柄向后方推,向远处推。

(3)双臂放松,将手柄还原到初始位置,双臂位于身体的正前方。

2. 涉及的肌肉

(1)主要肌群:后三角肌。

(2)辅助肌群:斜方肌、菱角肌、侧三角肌、冈下肌、小圆肌、大圆肌。

3. 训练要点

(1)阻力:与拉力器相同,后三角肌拉伸器械在整个运动过程中提供相同的阻力。同时,此器械还提供了一些握式的技术调整、轨迹变化,以及不同的运动范围来单独帮助后三角肌进行锻炼。

(2)握式:最新型的后三角肌拉伸器械为健身者提供了不同的手柄,供健身者选择,即一对与地面平行,一对与地面垂直。握手柄的方式会对肩关节的翻转程度产生影响。采用水平手柄,利用正握式(掌心向下),肩部向内翻转,是单独进行后三角肌锻炼的最佳选择。使用垂直手柄时采用中立握式(拇指向上),由于此时肩部向外翻,可以使侧三角肌参与运动。

（3）轨迹：通过改变抬升轨迹，可以针对某些相关的肌群进行锻炼。手柄位置与肩齐高或低于肩部时，后三角肌得到最佳的锻炼，此时手臂大约与地面平行。如果手柄位置高于肩部，同时又是坐姿，那么在运动过程中斜方肌将受力最大。

（4）运动范围：可以通过单臂运动增加运动范围（参见变化动作）。

·变化动作

单臂器械后三角肌拉伸：双臂依次进行运动会减少斜方肌及肩胛肌的作用，因此能够隔离后三角肌，增加后三角肌的锻炼。也可以在单臂运动中通过改变坐姿来调整运动范围。坐于器械前，内侧肩膀接触挡板，利用外侧手臂完成运动。这样会使运动时起点距离运动手臂更远，为三角肌提供更有力的拉伸，增强1/3的运动效果。

二、胸部训练

胸大肌是一块扇形肌肉，由两个部分或两个头组成。锁骨上端的头来自锁骨，胸骨下端的头来自胸骨。这两个部分由胸壁向外交错形成一个单一的肌腱，与上臂的肱骨相连。随着肌肉的插入，肌腱发生扭曲，因此，锁骨上端的头在胸骨下端的头的下方。当胸大肌运动时，会带动肩关节一起运动。胸大肌内转、伸缩使得手臂随之内转，因此在执行俯卧撑和熊抱动作时，才能将手臂前伸或双臂交叉在胸前。虽然胸大肌只有两个组成部分，但是从功能上讲，根据手臂移动的角度，它可以分为上、中、下三个部分。随着肩关节位置的变化，某些胸部肌肉纤维具有更好的机械运动优势来实现某些动作。其他胸部肌肉纤维也会参与运动，但是囿于肩膀的位置而不能过多地参与其中。

胸腔侧壁由前锯肌形成。此肌群从肩胛骨后方长出，向前通过胸壁与上8根肋骨相连。此块肌肉的锯齿边缘在胸肌边缘下方长出。前锯肌把肩胛骨向前拉，与肋骨相连保持其稳定。前锯肌会积极参与大多数的运动，特别是在俯卧撑或推举的静止时刻。

胸小肌处于胸大肌下方。在胸部塑形的运动中发挥的作用较小。

（一）杠铃斜式推胸（见图3-10）

图3-10 杠铃斜式推胸

1. 训练步骤

（1）坐于斜椅子上，双手与肩同宽，采用正握式（掌心向前）握住杠铃。

（2）缓慢降低杠铃，直到横杠与上胸部接触。

（3）双手将杠铃垂直推起，直到肘关节闭合（手臂伸展）。

2. 涉及的肌肉

（1）主要肌群：上胸大肌。

（2）辅助肌群：前三角肌、肱三头肌。

3. 训练要点

（1）轨迹：倾斜的角度决定运动的轨迹。由于长椅倾斜，靠背被抬起，因此对胸大肌的锻炼逐渐增加。靠背倾斜角度在30°～45°时，对上胸大肌的针对性锻炼达到了最佳效果。角度调整到60°或以上时，主要针对前三角肌进行锻炼。

（2）手间距：与肩同宽或稍宽于肩的手间距能够锻炼到上胸大肌的所有肌肉。如果手间距窄则主要强调胸部的中心位置，要求肱三头肌发力；如果手间距宽则针对上胸大肌的外延部分，减少肱三头肌的用力。但是，手间距过宽又会增加受伤的风险。

（3）运动范围：为了达到胸肌最佳的锻炼效果，杠铃下降时，肘关节微微向外弯曲。肘关节闭合前，短距离的重复推举动作主要针对胸肌进行锻炼，同时减少肱三头肌的介入。

· **变化动作**

器械斜式推胸：器械斜式推胸的变化动作比标准的杠铃推胸更稳定、更安全。不同的器械能够为健身爱好者提供不同的握式。中立握式（拇指向上，掌心相对）比正握式（掌心向前）更能加强胸大肌的锻炼。

（二）哑铃斜式推胸（见图3-11）

图3-11　哑铃斜式推胸

1. 训练步骤

(1)坐于倾斜长椅上,双手各握一个哑铃,与胸部保持同一高度,掌心向前。

(2)将哑铃垂直向上推举,直到肘关节闭合(伸直手臂)。

(3)弯曲肘关节,缓慢放下哑铃于胸前。

2. 涉及的肌肉

(1)主要肌群:上胸大肌。

(2)辅助肌群:前三角肌、肱三头肌。

3. 训练要点

(1)轨迹:倾斜的角度决定运动的轨迹。由于长椅倾斜,靠背被抬起,因此对胸大肌的锻炼逐渐增加。靠背倾斜角度在30°~45°时,对针对上胸大肌的锻炼达到最佳效果。角度调整到60°以上时,主要是针对前三角肌进行锻炼。

(2)握式:哑铃的方向影响手部姿势。采用正握式(掌心向前),在哑铃还原到初始位置时能够为肌肉提供更多的拉伸。使用中立握式(掌心相对),在肘关节闭合时能够产生更好的肌肉收缩效果。

(3)运动范围:为了达到胸大肌最佳的锻炼效果,哑铃下降到胸部触及哑铃顶部时,肘关节微微向外弯曲。肘关节闭合前短距离的重复推举动作主要是针对胸大肌进行锻炼。哑铃下降的位置越低,胸大肌越能得到拉伸。但是如果哑铃位置过低,将会增大肩部受伤的风险。比较安全的方式是,当哑铃到达胸部位置时停止其继续下降。

· 变化动作

握式变化 – 哑铃推胸:练习开始,双手各握一个哑铃,采用正握式(掌心向前),在推举过程中翻转哑铃。当肘关节闭合、手臂伸直时变成中立握式。

(三)拉力器低滑轮扩胸(见图3-12)

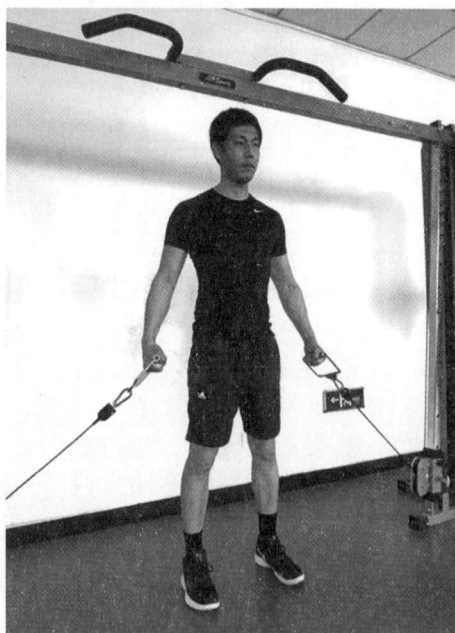

图3-12 拉力器低滑轮扩胸

1．训练步骤

(1)双手各握住一个 D 形手柄,拉力器的滑轮安放在低处。站立在拉力器两侧的配重片之间,面向前方。

(2)手臂沿向前的弧度抬起,直到两个手环在双臂抬起处接触。

(3)保持肘关节稳定,缓慢地将两个手柄放下,还原到初始姿势。

2．涉及的肌肉

(1)主要肌群:上胸大肌。

(2)辅助肌群:前三角肌。

3．训练要点

轨迹:面向前方,直立。这样拉力器的滑轮会在身体后方,为胸部肌肉的锻炼提供更好的运动轨迹。

握式与运动方式在拉力器低滑轮扩胸运动中并非训练要点,此处不做介绍。

(四)杠铃卧推(见图 3 - 13)

图 3 - 13　杠铃卧推

1．训练步骤

(1)仰卧于水平的运动长椅上,采用正握式,双手与肩同宽,握住杠铃。

(2)缓慢降低杠铃的高度,直到杠铃触碰胸腔的中心位置。

(3)垂直将杠铃向上推出,直到肘关节闭合、手臂伸直。

2．涉及的肌肉

(1)主要肌群:胸大肌。

(2)辅助肌群:前三角肌、肱三头肌。

3．训练要点

(1)身体姿势:身体平躺,双肩及臀部与长椅接触。双脚触地保持身体稳定。如果背部拱起或臀部由长椅抬起,那么主要作用力将会在下胸大肌。双脚抬起、弯曲膝盖可以帮助运动者将力量放在胸部的中心位置,但要注意的是双脚离地会降低身体的稳定性与平衡性。

（2）手间距:最理想的手间距应该是与肩同宽或略宽。窄握式主要强化了内侧胸大肌和肱三头肌的锻炼,针对外侧肌肉进行锻炼,减少肱三头肌的参与。

（3）轨迹:杠铃应该由胸部中间位置(乳头位置)垂直向上和向下。杠铃向下时,肘关节向外弯曲,以此加大胸大肌的锻炼。

（4）运动范围:肘关节闭合前缩短重复练习的距离能够保持胸肌的紧张感,同时减少肱三头肌的参与。

（5）握式:采用反握式将着力部位转移到肱三头肌。

· 变化动作

器械胸推:相比标准的杠铃卧推,器械胸推更稳定、更安全。不同器械能够提供不同握式的选择。中立握式(拇指向上,掌心相对)比反握式(掌心向上)更能加强对胸肌锻炼。

窄距握式卧推:两手间距保持约 15 cm 的距离。这种短距握式卧推主要针对内侧胸大肌及肱三头肌进行锻炼。

（五）哑铃卧推（见图 3-14）

图 3-14　哑铃卧推

1. 训练步骤

（1）平躺于长椅上,双手各握一个哑铃于胸前,掌心向前。

（2）由胸部位置开始垂直将哑铃向上推,直到肘关节闭合、手臂伸直。

（3）缓慢弯曲手臂,降低哑铃的高度,还原于胸前位置。

2. 涉及的肌肉

（1）主要肌群:胸大肌。

（2）辅助肌群:前三角肌、肱三头肌。

3. 训练要点

（1）握式:哑铃的方向影响手部姿势。采用正握式(掌心向前)能够在哑铃高度降低、还原为初始姿势时提供更多的肌肉拉伸。采用中立握式(掌心相对)能够在肘关节闭合时产生更好的肌肉收缩效果。

（2）轨迹：身体应该平躺在长椅上，哑铃由胸部中心（乳头位置）开始向上或向下运动。为了最大限度地进行胸肌的锻炼，在哑铃下降、肘关节向外时，将两个哑铃碰撞在一起。

（3）运动范围：肘关节闭合前，短距离的重复推举动作能够保持胸肌的紧张感，减少肱三头肌的参与。哑铃下降的位置越低，胸肌越能得到拉伸。但是如果哑铃位置过低，将会增大肩部受伤的风险。比较安全的方式是当哑铃达到胸部位置时停止哑铃下降。

· 变化动作

变化握式哑铃卧推：初始姿势，双手各握一哑铃，采用正握式（掌心向前）。在推举过程中翻转哑铃，在肘关节闭合时，由掌心向前变成掌心相对（中立握式）。

（六）器械扩胸（见图 3 - 15）

图 3 - 15　器械扩胸

1. 训练步骤

（1）手握垂直手柄，肘关节轻微弯曲。

（2）用力挤压手柄，直到两个手柄在胸前接触。

（3）手臂向后还原到初始姿势，保持肘关节与地面平行。

2. 涉及的肌肉

（1）主要肌群：胸大肌。

（2）辅助肌群：前三角肌。

3. 训练要点

（1）握式：采用中立握式（掌心相对）最适合扩胸练习，但是正握式（掌心向前）适用于其他变化动作。肘关节保持稳定，同时在整个运动过程中保持轻微弯曲。

（2）运动范围：双臂用力挤压手柄时，胸大肌的中央部分并没有过多地参与到运动中来。为了强调内侧胸大肌的锻炼，就要缩小运动范围，将注意力放在挤压动作上。进行部分重复练习,双手在空中沿45°角小范围滑动,由12点钟方向(两个手柄接触)开始,两臂向外侧分别向10点钟(左臂)和2点钟(右臂)方向外伸。保持肘关节伸直以达到最佳的挤压效果。手臂向外延展时,运动重点转移到外侧胸大肌。不要使肘关节过分向外延展而超过身体平面,否则将会受伤。为安全起见,当手臂与胸形成一条直线时停止拉伸。

(3)轨迹:调整座椅位置,使手柄的高度在胸部附近。为了最大限度地进行胸肌的单独练习,在整个运动中应该保持肘关节与肩齐高。

(4)身体姿势:当座椅较低、手柄位置靠上时,主要针对上胸大肌进行锻炼;当座椅较高、手柄位置较低时,主要是下胸大肌参与运动。如果针对中部胸大肌进行锻炼,应该调整座椅的位置,使手柄的高度在胸部附近。

(5)阻力:与哑铃扩胸练习不同,在哑铃扩胸练习过程中会存在不同的阻力,而器械扩胸练习产生的阻力却始终如一,因此,器械扩胸练习能够更好地针对内侧胸大肌进行锻炼。

· 变化动作

胸板扩胸:胸板扩胸版本与之前的练习相似,此版本是利用肘板来代替手柄。
单臂器械扩胸:此练习需要进行单次单臂练习。

(七)杠铃下斜式推举(见图3-16)

图3-16　杠铃下斜式推举

1. 训练步骤
(1)仰卧于下斜式长椅上,采用正握式,双手与肩同宽握住杠铃。
(2)逐渐降低杠铃的高度,直到触及胸部。
(3)垂直将杠铃向上推出,直到肘关节闭合。

2. 涉及的肌肉
(1)主要肌群:下胸大肌(胸骨头)。
(2)辅助肌群:肱三头肌、前三角肌。

3. 训练要点
(1)轨迹:下斜角度决定运动轨迹。长椅的顶部向下倾斜,随着倾斜角度越来越大,逐渐将练习的重点放在胸大肌的下半部分。长椅与地面成20°~40°角时,下胸大肌的锻炼效果达到最佳。角度增大会将锻炼重点由胸大肌转移到肱三头肌上。同时,肘关节向外弯曲能使胸大肌得到最大化锻炼。

(2)手间距:最理想的手间距是与肩同宽。宽握式的姿势主要针对肌肉外侧进行锻炼,提供更大程度的拉伸,减少肱三头肌的参与。而窄握式的姿势主要针对内侧胸大肌进行锻炼,要求肱三头肌更多地参与运动。

(3)运动范围:肘关节闭合前短距离的重复推举动作能够保持胸肌的紧张感,减少肱三头肌的参与。

·变化动作

器械下斜式推举:在器械上进行下斜式推举(比如在史密斯器械上),可以使运动更安全、更稳定。

(八)哑铃下斜式推举(见图3-17)

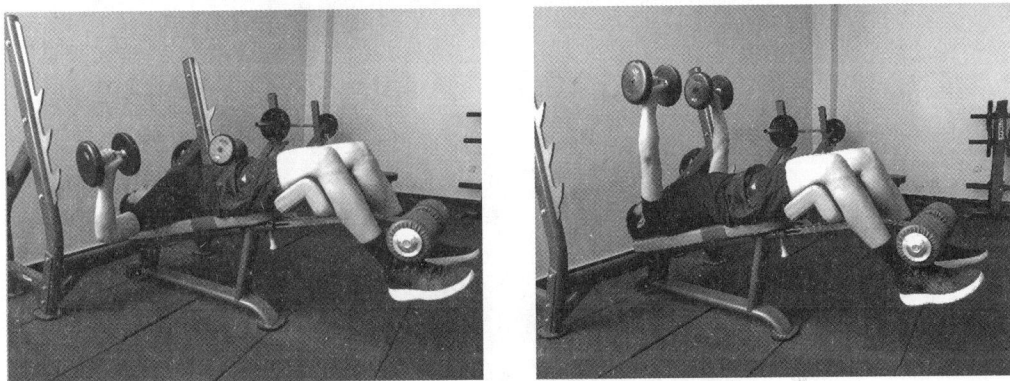

图3-17　哑铃下斜式推举

1. 训练步骤

(1)仰卧于下斜式长椅上,双手各握一个哑铃。掌心向前,使哑铃保持在胸部高度。

(2)垂直将哑铃向上推出,直到肘关节闭合。

(3)逐渐降低杠铃高度,直到胸部。

2. 涉及的肌肉

(1)主要肌群:下胸大肌(胸骨头)。

(2)辅助肌群:前三角肌、肱三头肌。

3. 训练要点

(1)握式:哑铃的方向会影响手部姿势。双手握住哑铃,正握式(掌心向前),降低哑铃的高度,还原到初始姿势时能使肌肉得到更大程度的拉伸。采用中立握式(掌心相对),能够在肘关节闭合时增加肌肉的收缩。

(2)轨迹:下斜角度决定运动轨迹。长椅的顶部向下倾斜,角度逐渐加大,练习的重点也随之放在胸大肌的下半部分。长椅与地面成20°~40°角时,下胸大肌的锻炼效果则达到最佳。哑铃应该垂直于身体,在胸部中间位置(乳头位置)直上直下地进行运动。为了最大限度地进行胸大肌锻炼,在哑铃下降的过程中,肘关节向外伸展并在闭合时使两个哑铃相互碰触。

（3）运动范围:肘关节闭合前短距离的重复推举动作能够保持胸肌的紧张感,减少肱三头肌的参与。哑铃的高度越低,胸肌得到的拉伸越大,但是过度拉伸或是哑铃的高度过低则会增加肌肉和肩关节受伤的风险。为安全起见,哑铃的高度应该控制在胸部附近。

·变化动作

变化握式 – 哑铃下斜式推举:采用正握式(掌心向前),双手各握一个哑铃。在推举过程中翻转哑铃的方向,使掌心相对,在肘关节闭合前变为中立握式。

（九）双杠曲臂支撑(见图3 – 18)

图3 – 18 双杠曲臂支撑

1. 训练步骤

（1）手握两平衡杠,肘关节闭合,双臂伸直支撑身体。

（2）弯曲肘关节,降低身体高度,直到上臂与地面平行。

（3）双臂伸直,肘关节闭合,将身体向上推,并还原到初始姿势。

2. 涉及的肌肉

（1）主要肌群:下胸大肌(胸骨头)。

（2）辅助肌群:前三角肌、肱三头肌。

3. 训练要点

（1）轨迹:身体姿势影响运动所针对的肌群。身体微微前倾更有助于胸肌的锻炼,身体前倾角度越大,胸肌得到锻炼的程度越大。身体直立时,主要是针对肱三头肌进行锻炼,并且身体越挺直,肱三头肌锻炼的幅度越大。在身体高度降低的同时肘关节向外变曲能够最大限度地单独进行胸肌锻炼。

（2）握式：在针对胸肌的练习中，拇指向前的标准握式能够使运动效果达到最大化。拇指向后的握式则将受力点转向肱三头肌。

·变化动作

器械曲臂支撑：此练习可以通过坐立于器械上来完成。但是由于大多数器械曲臂支撑对身体动作有限制，因此，器械训练主要针对的是肱三头肌，而非胸肌。

三、背部训练

从解剖学角度分析，后躯干由几个肌肉层组成，这些肌肉层像三明治一样相互叠加。从功能上看，为了达到健身的目的，背部练习通常针对三个部分，就好比缝合口袋的三角部分。

上背部主要由一块大的三角形肌肉——斜方肌构成。它沿着上脊柱生长，从头骨下方向下延伸到最后一根肋骨——也就是所有的颈椎和胸椎。斜方肌的上部分肌肉纤维附着在锁骨、肩峰、肩胛骨上。斜方肌中部和下部肌肉纤维主要分部在上背部，与肩胛骨相连。上斜方肌能够抬升肩胛骨完成肩部拉伸动作，以及翻转肩胛骨来协助肩部完成外展动作。中部斜方肌能够将肩胛骨牵引撤回，使肩膀向后拉伸。下部斜方肌能够使肩胛骨向下运动。

斜方肌下方还有三块肌肉将肩胛骨固定在脊椎上：肩胛提肌、大菱角肌、小菱角肌。肩胛提肌主要协助上下斜方肌提升肩胛骨。大菱角肌和小菱角肌与中部斜方肌合作使肩胛骨撤回。这三部分肌肉位于斜方肌下方，从而增加了上背部肌肉的厚度。

中背部由背阔肌构成，背阔肌是一大块扇形肌肉，位于脊柱下半部分到盆骨。由于所处的位置，背阔肌收缩成一个带状肌腱，向上连接到上肱骨，向下连接到胸大肌肌腱。背阔肌收缩时，收缩动作会对肩关节产生作用。背阔肌能够拉动上臂向下或向后（直臂后举），因此，这块肌肉主要针对手臂下拉、引体向上及拉背等动作。背阔肌同时也负责手臂在身体另外一侧的侧举动作（内展）。

下背部由竖脊肌（骶棘肌）构成，此肌肉沿整个脊柱生长。在腰部，竖脊肌分为三列：髂肋肌、最长肌和棘肌。这三部分肌肉是下背部的支柱力量，起到保持脊柱稳定、躯干伸展的作用，使脊柱向后拱起。

斜方肌和背阔肌主要负责肩部和手臂的动作。骶棘肌会引起脊椎和躯干的运动。针对背部肌肉的练习，包括耸肩、下拉、引体向上、拉背及腰椎屈伸练习。硬举是一项复合及多关节参与的运动，这项练习能够使所有背部肌肉参与运动。

（一）杠铃肩背拉力（见图 3 - 19）

1. 训练步骤

（1）采用正握式，双手与肩同宽握杠铃。双手自然下垂于大腿前侧。

（2）保持肘关节稳定，尽量向上耸肩，垂直将杠铃向上拉。

（3）缓慢降低杠铃高度，还原到初始姿势，拉伸斜方肌。

2. 涉及的肌肉

（1）主要肌群：上、中部斜方肌。

（2）辅助肌群：肩胛提肌、三角肌、竖脊肌（髂肋肌、最长肌、棘肌）、前臂。

3. 训练要点

（1）手间距：双手与肩同宽或握距稍窄时，主要针对的是斜方肌的锻炼。若手间距较宽,那么三角肌也会参与到运动中。

(2)轨迹:将杠铃垂直上下抬升。肩部不要扭动或翻转。

(3)身体姿势:进行拉背练习时,身体直立并与地面垂直,斜方肌才能集中得到锻炼。以腰部为中心,身体微微向后,颈部的上斜方肌会得到锻炼;反之,身体微微前倾,肩部后方的中部肌肉则会得到锻炼。

(4)运动范围:杠铃举起的高度越高,斜方肌受力则越大。

图 3-19　杠铃肩背拉力

·变化动作

后拉背:此版本的变化动作要求双手在臀部后方握住哑铃,由于此动作会使肩胛骨收缩,使肩部向后拉,因此主要针对斜方肌的中部肌肉纤维进行锻炼。

器械拉背:此版本变化动作靠器械来完成,器械可以为健身爱好者提供不同的握式,即正握式(拇指向内)或中立握式(拇指向前)。采用中立握式主要强调颈部的上斜方肌,而正握式主要针对背部的中部斜方肌进行锻炼。

(二)哑铃拉背(见图3-20)

1. 训练步骤

(1)站立于地面,双手各握一个哑铃,手臂自然下垂于身体两侧。

(2)保持手臂伸直,尽量向上耸肩。

(3)降低哑铃高度,还原到初始姿势。

2. 涉及的肌肉

(1)主要肌群:上、中部斜方肌。

(2)辅助肌群:肩胛提肌、三角肌、竖脊肌(髂肋肌、最长肌、棘肌)、前臂。

3. 训练要点

(1)握式:中立握式(拇指向前)强调颈部上斜方肌;正握式(拇指向内)针对背部的中部斜方肌进行锻炼。

(2)身体姿势:以腰部为中心,身体微微向后,颈部的上斜方肌会得到锻炼;反之,身体微微前倾,则主要针对颈部下方肌肉进行锻炼。在运动时,保持身体直立并与地面平行,使哑铃垂直上下运动,主要针对斜方肌的上部、中部进行锻炼。

(3)运动范围:哑铃高度越高,斜方肌受力就越大;反之,哑铃下降得越低,动作结束时肌肉拉伸的程度则越大。

图 3 - 20　哑铃拉背

· 变化动作

收缩拉背:双手于身体前侧各握一个哑铃,采用正握式。耸肩的同时,肩胛骨向中间挤压,动作结束时转换成中立握,双臂自然下垂于身体两侧。在哑铃向上的运动过程中(肩胛骨抬升),上斜方肌参与运动,下降的过程中(肩胛骨收缩),中部斜方肌参与运动。

(三)拉力器坐姿划船式上拉(见图 3 - 21)

1. 训练步骤

(1)坐立于拉力器前(拉力器滑轮固定在器械下部),采用中立握式(拇指向上),手臂于体前伸直。

(2)保持脊椎笔直,手臂与地面平行,保持手柄在一定的高度向胸部回拉。

(3)将手柄向器械方向收回,还原到初始姿势。

2. 涉及的肌肉

(1)主要肌群:中、下部斜方肌、背阔肌。

(2)辅助肌群:大菱角肌、小菱角肌、后三角肌。

3. 训练要点

(1)手间距:较宽的手间距主要针对外斜方肌进行锻炼,而较窄的手间距将针对内斜方肌进行锻炼。

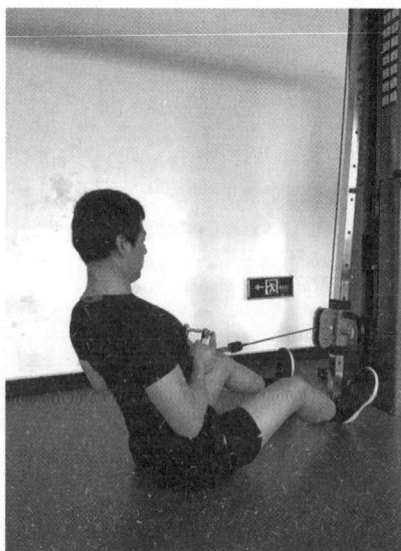

图3-21　拉力器坐姿划船式上拉

（2）握式：正握式（反手）主要针对上、中部三角肌进行锻炼，而采用中立握（拇指向上）则针对中、下部斜方肌进行锻炼。反握式（掌心向上）将运动重点转移到背阔肌。

（3）轨迹：为了对斜方肌进行锻炼，需要将手柄或杠铃以一定的高度向胸部拉伸。但如果轨迹较低，向腹部拉伸，则是针对背阔肌的锻炼。

（4）身体姿势：保持背部直立，同时身体与地面垂直。

（5）运动范围：将肘关节尽量打开，同时尽量向后拉伸。肩胛骨同时向中间挤压能够将肌肉收缩达到最大化。

（四）宽握距下拉（见图3-22）

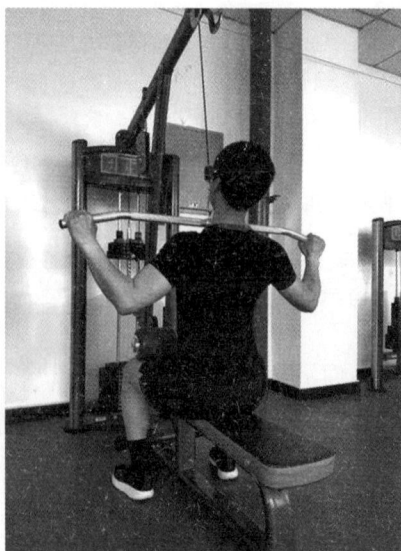

图3-22　宽握距下拉

1. 训练步骤

(1)采用正握式,手间距比肩宽15 cm。

(2)将杠铃下拉至上胸部,挤压背阔肌。

(3)将杠铃恢复到头部上方的位置,还原到初始姿势。

2. 涉及的肌肉

(1)主要肌群:外侧背阔肌。

(2)辅助肌群:后三角肌、下斜方肌、大菱角肌、小菱角肌。

3. 训练要点

(1)手间距:随着手间距的不断变宽,运动的重点将转移到腋下背阔肌最外侧肌肉。这部分肌肉将增加背部的宽度。

(2)握式:正握式最适合这项练习。双手握在杠铃弯曲的位置能够使背阔肌得到更好的收缩。

(3)轨迹:身体与地面保持垂直状态时,杠铃垂直下拉,肩部外展,这样可以加强外侧背阔肌的练习。身体向后倾斜约30°角,会产生一定的轨迹使得肩部得到扩展,从而加强内侧下方背阔肌的练习。

(4)运动范围:为了扩大运动范围,向上运动时背阔肌得到扩展,扩展到最大限度时下拉,应尽量使肘关节向后、向下运动来挤压背阔肌。

·变化动作

手柄下拉:带有弯曲部分的下拉手柄与直手柄相比,具有改进运动轨迹,减少腕关节压力,以及在手柄接触到胸部前扩大了运动范围等方面的优势。

颈后下拉:将手柄在颈后方下拉是健身爱好者最后的选择,因为这个动作容易造成肩关节受伤。

(五)窄握距下拉(见图3-23)

1. 训练步骤

(1)采用反握式双手握住手柄,手间距为15～30 cm。

(2)下拉手柄至上胸部位置,挤压背阔肌。

(3)还原到初始姿势。

2. 涉及的肌肉

(1)主要肌群:内侧背阔肌。

(2)辅助肌群:下斜方肌、大菱角肌、小菱角肌、后三角肌、肱二头肌。

3. 训练要点

(1)手间距:由于手间距比较窄,所以运动重点转移到背阔肌内侧,增加背部中部的肌肉厚度和深度。

(2)握式:此练习使用肩部伸展而非内展运动。手臂将手柄向下向后拉伸,主要针对背阔肌内侧进行锻炼。

(3)轨迹:身体向后倾斜30°有助于单独进行背阔肌练习。需要注意的是,身体不要过分向后,防止利用身体后倾的力量下拉手柄。

(4)运动范围:向上运动时背阔肌得到扩展,扩展到最大限度时下拉,应尽量使肘关节向后、向下运动来挤压背阔肌。

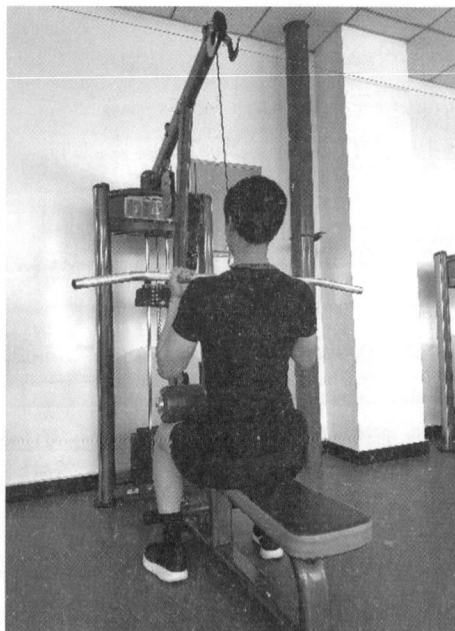

图 3-23　窄握距下拉

· **变化动作**

手柄变化握式下拉:此变化动作采用中立握式(掌心相对)手握手柄。手部姿势在正握式和反握式之间变换。针对外侧背阔肌练习时采用正握式,针对内侧背阔肌练习时采用反握式,中立握式主要针对中部肌肉进行练习。

(六)宽握距引体向上(见图 3-24)

图 3-24　宽握距引体向上

1. 训练步骤

(1)采用正握式,手间距比肩宽15 cm,进行手臂扩展练习。

(2)将身体上拉直到下颚接触单杠。

(3)缓慢将身体高度降低,还原到初始姿势。

2. 涉及的肌肉

(1)主要肌群:外侧背阔肌。

(2)辅助肌群:后三角肌、下斜方肌、大菱角肌、小菱角肌。

3. 训练要点

(1)阻力:引体向上与下拉相似,但是运动中的阻力来自自身重力,该阻力是不容易调整的。运动中可以通过增加重力来增加阻力,但是自身的质量不会减少。

(2)手间距:较宽的手间距会将运动重点转移到背阔肌的最外侧部分。这部分肌肉能够增加背部的宽度。

(3)握式:正握式最适用于此项练习。反握式适用于短距握式的引体向上练习。中立握式适用于一些器械练习(详见变化动作)。

(4)轨迹:由于在运动过程中身体始终保持与地面垂直,向上的过程中肩部内展,从而有助于外侧背阔肌的练习。

(5)运动范围:为了扩大运动范围,引体向上之前(初始位置)拉伸背阔肌肌肉,之后在运动过程中要使肘关节尽量向后、向下,这样才能达到扩大效果。

(6)身体姿势:双脚相互交叉,膝关节轻微弯曲,这样在运动过程中可以尽量减少身体的晃动。

· 变化动作

窄握距引体向上:采用反握式有助于缩短手间距,强调肩部外展而非内展。由于手间距变窄,运动重点将转移到背阔肌下部的中间区域。采用反握式有助于肱二头肌参与运动,增加力量。

手把引体向上:与某些器械相连的手把能够使运动者采用中立握式(掌心相对)。中立握式的手部姿势和位置介于正握式和反握式之间。正握式主要针对外侧背阔肌,反握式更有助于内侧背阔肌的练习,而中立握式则针对中部肌肉进行锻炼。

颈后引体向上:引体向上的过程中使颈部后方与单杠接触,一般运动者很少选择这个版本进行练习,因为这个动作很容易造成肩关节受伤。

(七)哑铃划船(见图3-25)

1. 训练步骤

(1)单手握住一个哑铃,掌心向内。另一只手及另一侧膝盖在运动长椅上支撑身体(见图3-25),保持脊椎笔直,身体与长椅平行。

(2)垂直将哑铃拉起于体侧,尽量抬高肘关节。

(3)垂直放下哑铃,并还原到初始姿势。

2. 涉及的肌肉

(1)主要肌群:背阔肌。

(2)辅助肌群:斜方肌、大菱角肌、小菱角肌、后三角肌、竖脊肌(髂肋肌、最长肌、棘肌)、肱二头肌。

3. 训练要点

(1)握式:采用中立握式,哑铃与身体垂直时运动效果最佳。无论采用正握式还是反握式,哑铃都会与身体发生碰撞。

(2)轨迹:将哑铃垂直拉至胸部高度最有利于背阔肌和下斜方肌的锻炼。若哑铃高度较低(在腹部时),将针对下背阔肌进行锻炼。

(3)运动范围:为了最大限度地扩大运动范围,可以在初始姿势时拉伸背阔肌,在动作结束时尽量抬高肘关节。

(4)身体姿势:利用运动长椅来支撑身体有利于减少脊椎的压力。

图 3-25　哑铃划船

· 变化动作

单臂拉力器坐式划船:采用中立握式(拇指向上),手握拉力器手环,拉力器另一端固定在低处。单手将手环由低处拉至胸部高度,脊柱保持挺直。手臂放松伸展,则还原到初始姿势。单手单次进行划船锻炼能够使肘关节拉得更远,因此可以最大限度地收缩背阔肌肌肉。

(八)器械划船(见图 3-26)

1. 训练步骤

(1)双臂伸展于体前,手握器械手柄。如果器械有胸板,则可以使用胸板来支撑身体。

(2)将手柄拉至上腹部位置,保持脊椎笔直。

(3)还原到初始姿势。

2. 涉及的肌肉

(1)主要肌群:背阔肌。

(2)辅助肌群:斜方肌、大菱角肌、小菱角肌、后三角肌。

3. 训练要点

（1）手间距：较宽的手间距主要针对外侧背阔肌进行锻炼，而较窄的手间距则针对内侧背阔肌。

（2）握式：正握式针对上部及外部背阔肌，中立握式（拇指向上）有利于背部中央肌肉进行练习，而反握式（下手握）则针对背阔肌下部肌肉进行练习。由正握式变为中立握式再到反握式，肘关节逐渐靠近体侧。

（3）轨迹：回拉手柄的轨迹较高时（朝着胸部位置回拉），主要针对上侧背阔肌及斜方肌进行锻炼，而较低的运动轨迹（朝向腹部位置）则针对下部背阔肌进行锻炼。健身爱好者可以通过调整座椅的高度来改变运动轨迹。座椅较高，运动轨迹则较低，而较低的座椅位置则可以提供较高的运动轨迹。

（4）运动范围：尽量后拉，肘关节对肩胛骨进行挤压，从而可以扩大肌肉收缩。

（5）身体姿势：躯干由胸板支撑时，可以减小脊椎的压力。

图 3－26　器械划船

（九）硬拉（见图 3－27）

1. 训练步骤

（1）采用正握式，双手与肩同宽，手臂自然下垂。弯曲膝盖和髋关节，下蹲。

（2）保持脊椎笔直，肘关节保持稳定，垂直站立，将杠铃举至髋关节高度。

（3）弯曲膝关节和髋关节，将杠铃慢慢放回地面。

2. 涉及的肌肉

（1）主要肌群：竖脊肌（髂肋肌、最长肌、棘肌）、臀大肌、腘绳肌（半腱肌、半膜肌、股二头肌）。

（2）辅助肌群：斜方肌、背阔肌、股四头肌（股直肌、股外侧肌、股内侧肌、股中间肌）、前臂（腕屈肌、指屈肌）。

3. 训练要点

(1)手间距:双手应该与肩同宽,这样才能保证手臂垂直,双手沿大腿外侧运动。

(2)握式:采用下手握,一只手掌向前,另外一只手掌向后,防止杠铃滑落。

(3)站立姿势:双腿直立,脚尖向前。

(4)轨迹:杠铃应该保持与身体紧贴,上下垂直运动。

(5)运动范围:将杠铃在身体前面由地面举至大腿前时,保持手臂伸展,肘关节稳定。在此运动过程中,竖脊肌肌肉能够保持脊椎的稳定和笔直,同时臀大肌和腘绳肌能够促成髋关节的伸展。在整个运动中一定要保持脊椎的笔直。不要大幅度地向前或向后活动脊椎,防止受伤。

图 3-27　硬拉

· 变化动作

杠铃直腿硬拉:进行此版本的硬举练习时,双腿直立,运动重点由下背部转移到臀部及腘绳肌。

相扑式硬拉:进行此版本的硬举练习时,相比臀部肌肉,此动作更能强化大腿肌肉的锻炼。

四、手臂训练

人的手臂分为上臂和下臂(又叫前臂)。上臂由一根骨头构成,即肱骨;而前臂则由两根骨头组成,分别是桡骨(位于拇指一侧)和尺骨(位于小指一侧)。肘关节是连接肱骨、桡骨及尺骨的铰链关节。肘关节可以完成两个动作:弯曲和伸展。肘关节弯曲时,前臂朝上臂的方向向上抬起;伸展时,前臂远离上臂。桡骨在尺骨周围转动时,前臂也会发生运动。反掌(掌心向上)以及手掌下翻(掌心向下)动作就发生在桡骨和尺骨转动之间。腕关节是连接前臂末端和手部小骨头的关节。

肱二头肌。顾名思义,肱二头肌有两个头。短头连接喙状突,而长头则位于肩关节的关节窝上方。这两头肌肉沿肱骨向下与位于肘关节下约4 cm处桡骨内侧的块茎状肌肉相连。肱二头肌能够使肘关节做弯曲动作,例如手掌伸向面部的动作;肱二头肌还可以促成前臂的反掌姿势,例如当翻转手掌时,掌心能够向上翻转。

除了肱二头肌,还有另外两组肌肉能使肘关节弯曲:肱肌和肱桡肌。肱肌位于肱二头肌下方,由肱骨下半部分与肘关节下方的尺骨相连。在肱肌抬起尺骨的同时,肱二头肌随之抬起桡骨。肱桡肌是由肱骨末端的外侧部分沿前臂向下连接腕关节上方的桡骨生长的肌肉。

肱三头肌。肱三头肌有三个头,或者说有三个部分。最长的一个头位于肩关节的关节窝处,侧头(外侧部分)位于肱骨外侧表面,中间的一个头(内侧部分)涵盖肱骨内侧表面和后方。所有这三个部分在其末端相交形成一个单一的肌腱,将肘关节后方与尺骨鹰嘴相连。肱三头肌负责肘关节的伸张动作,例如将手从脸上移开的动作。它是肘关节伸展的唯一一块肌肉,而负责肘关节弯曲动作的却有三块肌肉(肱二头肌、肱肌、肱桡肌)。

人体前臂拥有肌肉20块之多。整体来说,前臂肌肉可以分为两部分:手掌侧面的屈肌肌群及手掌另一侧的伸肌肌群。几乎这些肌肉比较肥厚的部分都位于前臂上端2/3处。

前臂肌肉按照分工不同平均分为两个部分:一半负责腕部运动,另一半负责手指运动。

腕屈肌群和腕伸肌群所处位置很浅(仅在皮下),而指屈肌及指伸肌群位置较深(接近骨头)。腕屈肌群及腕伸肌群的浅层肌群同时附着在腕关节和肘关节周围,因此肘关节伸直而腕关节弯曲时,这些肌群会有很大的延展性。腕屈肌群由掌长肌、桡侧腕屈肌及尺侧腕屈肌群组成。腕伸肌群由桡侧腕长伸肌、桡侧腕短伸肌及尺侧腕伸肌构成。

指屈肌群也由三个部分组成,分别是指浅屈肌、指深屈肌及拇长屈肌。指伸肌群则由指伸肌、拇长伸肌、拇短伸肌及伸食指肌组成。

反掌或手部翻转导致手掌向上是通过旋后肌以及肱二头肌完成的。内翻或手部翻转导致掌心向下的动作则是由旋前圆肌以及旋前方肌完成的。

(一)杠铃弯举(见图3-28)

1. 训练步骤

(1)采用反握式,双手与肩同宽,手握杠铃,双臂自然下垂。

(2)弯曲肘关节,将杠铃举至肩部高度。

(3)缓慢放下杠铃,还原到初始姿势。

2. 涉及的肌肉

(1)主要肌群:肱二头肌。

(2)辅助肌群:肱肌、肱桡肌、前三角肌、前臂肌群(腕屈肌、指屈肌)。

3. 训练要点

(1)握距:若握距较宽则主要是针对内侧肱二头肌(短头)进行锻炼;若握距较窄,则主要针对外侧(长头)进行锻炼。

(2)握式:如果使用直杠铃,那么应该使用反握式(掌心向上)。不同的握式可以根据EZ杠铃进行调整(详见变化动作)。

(3)轨迹:杠铃应该贴近身体直上直下。为了单独对肱二头肌进行锻炼,手臂动作应该只发生在肘关节附近,而不是肩关节附近。

（4）运动范围：降低杠铃高度，肘关节完全伸展之前动作稍做延迟有助于保持肱二头肌的紧张感。

（5）身体姿势：脊柱保持笔直，身体直立于地面。上半身微微前倾，利用惯性将杠铃上举。身体轻微向前倾斜使得杠铃弯举的初级阶段相对容易，而身体向后倾斜则帮助运动者顺利完成后续的重复练习。

图3-28 杠铃弯举

· 变化动作

EZ-杠弯举：此版本的弯举动作所使用的是EZ杠铃，要注意握式的变化。双手由完全的反握式（掌心向上）逐渐变为中立握式（掌心向内）。这样的手部姿势主要强调肱二头肌的长头及肱肌的锻炼，从而减少腕关节的紧张感。

（二）单臂哑铃弯举（见图3-29）

1. 训练步骤

（1）坐于长椅上。单手握哑铃，手臂自然下垂，利用大腿内侧支撑该手臂。另一只手放于另一侧大腿上。

（2）弯曲肘关节，将哑铃举至肩部。

（3）降低哑铃高度，还原到初始姿势。

2. 涉及的肌肉

（1）主要肌群：肱二头肌。

（2）辅助肌群：肱肌、肱桡肌、前三角肌、前臂肌群（腕屈肌、指屈肌）。

3. 训练要点

（1）握式：采用反握式手部旋后，可以最大限度地促使肱二头肌进行收缩。

（2）轨迹：上手臂的姿势能够相应地改变运动作用力。当手臂与地面垂直时,运动的阻力会随着哑铃地抬起而逐渐增加,此时的运动重点在肱二头肌上部位置(顶)。当手臂与地板形成一定的角度(肘关节位于肩部前方)时,此时阻力最大,因此运动重点应在肘部也就是肱二头肌末端。

（3）运动范围：上手臂与大腿抵住能够防止肩部运动,这样才能针对肱二头肌进行锻炼。

（4）身体姿势：身体由另外一只手臂支撑,肩部保持静止。

图 3-29　单臂哑铃弯举

· **变化动作**

单臂拉力器弯举:此版本的变化动作需要使用拉力器,滑轮固定在低处,手握 D 型手环。练习方法同拉力器弯举。

(三)拉力器弯举(见图 3-30)

1. 训练步骤

(1)面对配重片而立,手握拉力器短手柄,滑轮固定在低处。手臂伸直,采用反握式。

(2)手握手柄,采用弯举方式,肘关节弯曲,将手柄向肩部回拉。

(3)缓慢放下手柄,还原到初始姿势。

2. 涉及的肌肉

(1)主要肌群:肱二头肌。

(2)辅助肌群:肱肌、肱桡肌、前三角肌、前臂肌群(腕屈肌、指屈肌)。

3. 训练要点

(1)握距:若握距较宽(宽于肩部),则主要是针对内侧肱二头肌(短头)进行锻炼;若握距较窄,则针对外侧(长头)进行锻炼。

(2)握式:如果使用直手柄,此练习需要采用反握式;如果使用 EZ 杠铃,则需要将反握式逐渐转为中立握式(掌心向内)。这样的手部姿势可以减小肘关节的压力,强调外侧肱二头肌(长头)及肱肌的锻炼。

(3)身体姿势:身体直立,脊柱伸直。

(4)运动范围:将肘关节固定在身体两侧,防止肩部发生运动,这样能够针对肱二头肌单独进行锻炼。

(5)阻力:与杠铃和哑铃弯举有所不同,前两种运动过程中会发生阻力的变化,而拉力器弯举在运动过程中提供的阻力始终如一。

图 3-30　拉力器弯举

· **变化动作**

拉力器弯举下压:站立于两拉力器之间,采用正握式(掌心向下),手握 D 型手环,滑轮固定在高处。双臂与肩同高,双手向头部方向拉动手柄。这个版本的变化动作主要针对肱二头肌的长头和肱二头肌顶端肌肉进行锻炼。

单臂拉力器弯举:此版本的变化动作中,进行单次单臂练习。手握 D 型手环,拉力器滑轮固定在低处。练习方法同双臂拉力器弯举。

(四)牧师椅曲臂杠铃弯举(见图 3-31)

1. 训练步骤

(1)将上臂置于牧师椅上,双臂与肩同宽,采用反握式,将手臂伸直。

(2)向内弯曲手臂,将杠铃朝肩部抬起。

(3)降低杠铃高度,还原到初始姿势。

2. 涉及的肌肉

（1）主要肌群：肱二头肌。

（2）辅助肌群：肱肌、肱桡肌、前臂肌群（腕屈肌、指屈肌）。

3. 训练要点

（1）握距：若握距较宽，运动重点在肱二头肌内侧（短头）；若握距较窄，运动重点则转移到肱二头肌外侧（长头）。

（2）握式：若使用直杠铃，那么要固定地使用反握式（掌心向上）。若使用 EZ 杠铃，那么可以适当地调整握式（详见变化动作）。

（3）轨迹：上臂以倾斜的角度固定时，阻力在运动起始时达到最大，主要是针对肱二头肌末端、接近肘关节处的肌肉进行锻炼。

（4）运动范围：将上臂固定在牧师椅上可以有效防止运动时肩关节的移动，因此有助于针对肱二头肌单独进行锻炼。在杠铃高度逐渐降低的过程中，肘关节完全伸展开时，动作稍做停顿可以有效保持肱二头肌的紧张感。

（5）身体姿势：调整座椅高度，使腋窝部位舒适地抵在挡板上端边缘。

图 3 - 31 牧师椅曲臂杠铃弯举

· 变化动作

EZ 杠铃曲臂弯举：此版本的变化动作使用的是 EZ 杠铃，因此可以充分地变化握式，从反握式（掌心向上）到次反手握，再到接近中立握式（掌心向内），这样的手部姿势有利于肱二头肌外侧（长头）的锻炼，减少腕关节的压力。

（五）三头肌下推（见图 3 - 32）

1. 训练步骤

（1）面向配重片，双手采用正握式握住把手，双手与肩同宽，拉力器固定在高处。

（2）运动开始时,将把手高度固定在胸部位置,肘关节弯曲角度稍过90°。

（3）保持上臂稳定,将把手向下拉,直到肘关节闭合(手臂伸直)。

2. 涉及的肌肉

（1）主要肌群:肱三头肌。

（2）辅助肌群:三角肌、前臂肌群(腕伸肌)。

3. 训练要点

（1）握距:若握距较宽,运动重点在肱三头肌内侧(长头);若握距较窄,运动重点则转移到肱三头肌外侧(侧头)。

（2）握式:如果采用直杠铃,那么正握式(掌心向下)主要是针对肱三头肌外侧部分的肌肉练习,而反握式(掌心向上)则针对内侧肌肉进行练习。如果采用 V 形杠铃进行练习,手部姿势则变为中立握式(拇指向上),这样可以针对三头肌的三个头进行平均练习。

（3）轨迹:当上臂与地面垂直时,那么主要是三头肌的外侧部分参与到运动中来。如果手臂与地面平行,那么主要是针对三头肌的内侧进行锻炼。

（4）运动范围:将上臂部分固定在体侧可以有效防止运动过程中肩膀的移动,这是对肱三头肌单独进行锻炼的最佳方法。手臂动作应该通过肘关节来完成。

（5）阻力:进行杠铃或哑铃练习时,在手臂抬起的过程中阻力会发生变化,而拉力器则在整个运动过程中始终提供一致的阻力。

（6）身体姿势:脊柱伸直,身体笔直立于地面是此练习的标准姿势。使用较重的配重片时,身体稍微前倾则有助于保持身体的稳定性。

图 3-32　三头肌下推

· **变化动作**

绳下推:绳下推的变化动作能够为腕部提供强制性的内旋,这样可以针对肱三头肌的外侧头肌进行练习。

反握式下推:反握式主要针对肱三头肌的内侧长头进行锻炼。

单臂下推:此版本的练习以单次单臂进行,手握 D 型手柄,可以使用正握或者反握,两种握式都有助于针对肱三头肌进行单独练习。

(六)双杠臂屈伸(见图 3－33)

图 3－33　双杠臂屈伸

1. 训练步骤

(1)手握双杠将自身托举,直到手臂完全伸直。

(2)弯曲肘关节,缓慢降低身体高度,直到上臂几乎与地面平行。运动中保持身体与地面垂直。

(3)重新将自身托举,增强手臂力量直到手臂伸直。

2. 涉及的肌肉

(1)主要肌群:肱三头肌。

(2)辅助肌群:胸大肌、前三角肌、前臂肌群(腕伸肌、指伸肌)。

3. 训练要点

(1)握距:若手间距较宽,运动重点在肱三头肌内侧(长头);若手间距较窄,运动重点则转移到肱三头肌外侧(侧头)。

(2)握式:此练习的标准握式(掌心相对,拇指向前)能够有效刺激肱三头肌的三个头,主要针对内侧长头进行锻炼。如果使用反握式,掌心向外,拇指向后,则针对三头肌的外侧(长头)进行锻炼。

(3)轨迹:运动过程中保持肘关节紧贴体侧,这样有助于对肱三头肌单独进行锻炼。运动中若肘关节向外张开,则将使胸部肌肉也参与到运动中来。

(4)运动范围:为了更有效地对肱三头肌进行锻炼,此练习应该尽量减少肩部的运动,运动应该仅限于肘关节的开合。

(5)身体姿势:为了重点锻炼肱三头肌,运动中始终保持身体与地面垂直。若身体向前倾斜,则使得胸部肌肉用力更多。

(6)阻力:运动中的阻力来自自身的重力,不容易进行调节。运动者可以通过在胯部周围添加重力以增加运动的阻力。

·变化动作

器械双杠臂屈伸:此版本的变化动作是坐立于三头肌双杠臂屈伸器械上完成的。这样,在运动过程中的阻力是可以调节的,使得运动者更加专注于肱三头肌的练习。所有双杠臂屈伸练习的要点也都适用此版本的器械变化动作。

(七)哑铃坐式三角肌推举(见图3-34)

图3-34　哑铃坐式三角肌推举

1. 训练步骤

(1)坐立于长椅上,双手握住一个哑铃,双臂伸直于头顶。手指握住哑铃的配重片。

(2)弯曲肘关节,肘关节向前,前臂向后,降低哑铃高于头后。

(3)双臂将哑铃垂直上推,直到肘关节闭合,双臂伸直。

2. 涉及的肌肉

(1)主要肌群:肱三头肌。

(2)辅助肌群:三角肌、前臂肌群(腕伸肌、腕屈肌)。

3. 训练要点

(1)握式:手握哑铃时要保持哑铃与地面始终垂直。手指环住手柄周围(中立握式)或握住哑铃上端的配重片(正握式)。中立握可涵盖肱三头肌三个头的锻炼,而正握式主要针对肱三头肌内侧长头进行锻炼。

（2）握距：双手保持相对较窄的握距，在运动中肘关节需要向外张。

（3）轨迹：保持手臂垂直，使肱三头肌的内侧长头得到拉伸，增强锻炼效果。

（4）运动范围：为了更好地针对肱三头肌进行锻炼，运动过程中的动作只能发生在肘关节处，上臂要始终保持垂直。

· 变化动作

单臂哑铃坐式三角肌推举：此版本的变化动作主要针对肱三头肌外侧长头的锻炼，练习时通过单次单臂的形式完成。手握哑铃时保持掌心向前。

（八）窄握距仰卧推举（见图 3 - 35）

图 3 - 35　窄握距仰卧推举

1. 训练步骤

（1）仰卧于长椅上。双手采用正握式，保持双手握距为 15 cm 左右。

（2）逐渐降低杠铃高度，直到触及胸部中间位置。

（3）垂直将杠铃上推，直到肘关节闭合，手臂伸直。

2. 涉及的肌肉

（1）主要肌群：肱三头肌、胸大肌。

（2）辅助肌群：三角肌。

3. 训练要点

（1）握距：为了针对肱三头肌进行锻炼，手间距应该窄于肩宽。

（2）握式：此练习采用反握式也是为了针对肱三头肌进行锻炼，但是这样的握式要求手间距稍宽（详见变化动作）。

（3）轨迹：保持肘关节贴近体侧来进行肱三头肌的锻炼，而非进行胸部肌肉的锻炼。

（4）运动范围：为了达到锻炼效果最大化，需要完成一个完整的运动范围，即完成整个肘关节的开合。

· **变化动作**

反握式仰卧推举：此版本的变化动作中使用反握式（掌心向上），要求双手握距比肩稍宽。同样，这个握距也可以针对肱三头肌进行锻炼。

（九）哑铃单臂后屈伸（见图3-36）

图3-36 哑铃单臂后屈伸

1. 训练步骤
（1）单手握一个哑铃，腰部以上向前弯曲，另一侧的手和膝盖置于长椅上支撑身体。
（2）运动开始，保持上臂与地面平行，肘关节弯曲90°。
（3）向上抬起哑铃，加强手臂力量，直到肘关节打开。

2. 涉及的肌肉
（1）主要肌群：肱三头肌。
（2）辅助肌群：后三角肌、背阔肌。

3. 训练要点
（1）握式：采用中立握式（拇指向前）能够有效针对肱三头肌的三个头进行锻炼。旋转哑铃至掌心向上则主要针对外侧头进行锻炼。
（2）轨迹：运动时保持上臂与地面平行，肘关节贴近体侧。
（3）运动范围：为了针对肱三头肌进行练习，肩部应该保持稳定。运动范围仅限于肘关节。
（4）阻力：由于重力作用，在哑铃上举的过程中产生的阻力是不同的，并且逐渐增加。
（5）身体姿势：身体应该略平行于地面，如果身体直立，则不能有效完成此动作。

·变化动作

拉力器单臂后屈伸:此版本的变化动作中使用 D 型手环,拉力器滑轮固定在低处。哑铃单臂后屈伸的练习中阻力会发生变化,而拉力器在单臂后屈伸的运动中提供的阻力始终是一致的。

（十）卷腕(见图 3-37)

图 3-37　卷腕

1. 训练步骤

(1)坐立于长椅边缘,双手采用反握式,双手与肩同宽,将前臂置于大腿上侧。

(2)通过腕部的弯曲卷举杠铃。

2. 涉及的肌肉

(1)主要肌群:掌长肌、桡侧腕屈肌、尺侧腕屈肌。

(2)辅助肌群:屈指浅肌、屈指深肌、拇长伸肌。

3. 训练要点

(1)握距:最为理想的握距应该是与肩同宽或略窄于肩。双手应该与前臂成一条直线,以减小腕关节的压力。

(2)握式:此练习要求采用反握式(掌心向上)。运动者可以根据个人习惯使拇指低于或高于杠铃。拇指置于杠铃下方(空握式)的一个好处在于可以使杠铃下降的高度更低,扩大运动范围。

(3)运动范围:在杠铃向下的运动过程中使杠铃滚动至手指以下,可以增加运动范围,空握式可以协助健身者完成此动作。随着杠铃向上卷曲,指屈肌参与运动使得杠铃卷向手掌。由于指屈肌是前臂肌群的重要组成部分,因此重复练习可以增强前臂肌群的力量和塑形。

(4)轨迹:通过调整前臂与地面的角度可以改变运动阻力,从而调整运动的侧重点。前臂与地面保持平行时,运动阻力可以在一开始抬杠铃的过程中便达到最大。当前臂向地面倾斜,且肘关节高于腕部时,阻力则最小。这样的运动轨迹在增强前臂收缩的练习中更为有效。

(5)身体姿势:运动者可以通过三种方法来支撑前臂,即前臂在双腿之间,置于长椅上;坐立时,前臂位于大腿上;将前臂置于牧师椅倾斜的挡板上。

·变化动作

哑铃卷腕:此版本的变化动作通过单次单臂手握哑铃完成。

牧师椅卷腕:此版本的变化动作中,运动者将前臂置于牧师椅的倾斜挡板上。

五、腿部训练

腿部分为大腿和小腿两部分。大腿主要由一块骨骼即股骨构成,而小腿则由两部分骨骼构成:胫骨(小腿内侧的长骨,位于大脚趾一侧)以及腓骨(小腿外侧的长骨,位于小脚趾一侧)。

膝关节作为铰链关节连接着胫骨和股骨,主要负责腿部的两个动作:弯曲和伸展。膝关节弯曲时,小腿向后方弯曲,到达大腿后侧;膝关节伸展时,小腿则离开大腿,腿部伸直。

髋关节是一个类似滚珠和承窝的关节,它连接着股骨上端及盆骨。髋关节主要负责6个腿部动作:弯曲、屈伸、外展、内展、内旋和外旋。髋关节弯曲时,大腿朝腹部弯曲,而髋关节屈伸则是大腿朝臀部方向向后伸展。髋关节在大腿外展时分开,而在做内展动作时合并。

踝关节也是一个铰链关节,连接着胫骨、腓骨及足部的距骨。脚踝背伸时,脚趾抬离地面,足部向胫骨移动;脚踝背屈时,脚跟抬离地面,足部离开胫骨。

股四头肌

股四头肌位于大腿前侧,有4个头:

(1)股直肌位于盆骨前侧。

(2)股内侧肌位于股骨内侧边缘。

(3)股外侧肌位于股骨外侧边缘。

(4)股中间肌位于股骨前侧表面,隐藏在股直肌下方。

此肌群的4个头合并在一起,连接髌骨(膝盖骨),继而通过单一髌腱与位于膝关节下方的胫骨相连。股四头肌的主要职能是负责膝关节的屈伸及腿部的伸直动作。由于股直肌位于盆骨处,因此这部分肌肉也负责关节的弯曲。

腘绳肌

腘绳肌位于大腿后侧,这组肌群由三部分肌肉组成,包括半腱肌、半膜肌、股二头肌。股二头肌由大腿外侧部分的后方穿过膝盖,附着到腓骨顶端。半膜肌由大腿内侧的后方穿过,在膝关节后方连接胫骨上端。半腱肌则是从后方穿过大腿内侧,连接胫骨上方,与半膜肌相邻。

腘绳肌的三个肌肉部分涵盖了膝关节和髋关节。因此,它们的主要职责有两项:膝盖的弯曲和髋部的屈伸。

臀大肌

臀大肌主要位于盆骨后方的大片区域,向下穿过髋关节与上股骨相连。这组强有力的肌群能够带动髋部的屈伸动作。有助于臀大肌肌群的练习是深蹲、提举和弓步练习。

参与髋关节运动的其他肌群还有以下肌群:

臀部内收肌群(大腿内侧):股薄肌、长收肌、内收大肌和短收肌。

臀部外展肌群:阔筋膜张肌、臀中肌、臀小肌。

臀屈肌群:缝匠肌、髂腰肌、股直肌。

臀伸肌群:臀大肌。

小腿

小腿部分主要包含10块肌肉,分为两个肌群:腓肠肌和比目鱼肌。腓肠肌位于小腿后方,是肉眼可见的肌肉。腓肠肌的两个头,分别是内腓肠肌和侧腓肠肌,由股骨的后侧开始生长直到膝关节以上。比目鱼肌位于胫骨后侧,隐藏在腓肠肌下方。

腓肠肌和比目鱼肌的肌腱相结合形成跟腱,跟腱位于踝关节后方,连接着人体跟骨。小腿肌肉能够产生人体踝关节的跖屈(脚站立动作需要这种跖屈)。这两块肌肉的其他相关作用会根据膝关节弯曲的角度而发生变化。腿部直立时,主要是腓肠肌参与运动,膝关节弯曲时比目鱼肌则更多地参与进来。需要注意的是,腓肠肌可以同时产生膝关节和踝关节的弯曲,因此,它有两个作用:膝关节弯曲和踝关节弯曲。

小腿部分的其他组成肌肉还有以下肌群。

踝伸肌(向背弯曲)、胫骨前肌。

踝外翻肌:腓骨长肌、腓骨短肌。

踝内翻肌:胫骨后肌。

后部

趾屈肌和趾伸肌:趾长屈肌、屈拇长肌、趾长伸肌、伸拇长肌。

(一)屈伸练习(见图3-38)

图3-38　屈伸练习

1. 训练步骤

(1)坐于腿部屈伸器前,双脚脚踝置于滚筒底垫下方,膝盖弯曲90°。

(2)向上抬腿,直到膝盖伸直。

（3）缓慢降低腿部高度，还原到初始姿势。

2. 涉及的肌肉

（1）主要肌群：股四头肌（股直肌、股内侧肌、股外侧肌、股中间肌）。

（2）辅助肌群：胫骨前肌。

3. 训练要点

（1）足部姿势：脚趾向上确保股四头肌的所有部位均匀受力。若脚趾指向内侧，双脚内旋则针对股四头肌的内侧，也就是对股内侧肌进行锻炼。若脚趾指向外侧，发生外旋，则针对股外侧肌进行锻炼。

（2）足间距：由于滚筒底垫的大小有限，因此脚间距调整空间并不是很大。但双脚如果并在一起，可以使股外侧肌得到锻炼；若脚间距略宽，则股内侧肌也会参与到运动中来。

（3）身体姿势：运动者自行调整靠背，保证膝盖后方（膝盖窝）舒适地抵在座椅边缘以支撑整个大腿。身体向后靠在靠背上或抬起臀部使得髋关节得到拉伸，这样也有利于股直肌的拉伸，从而加强对它的锻炼。

（4）运动范围：运动弧度应该为90°左右。膝盖完全伸直时股四头肌被迫强制收缩。为了减轻运动对髌骨的损伤，膝盖弯曲的角度不要超过90°。

（5）阻力：运动过程中的阻力基本一致，但是许多新型器械阻力会随着腿部高度的变化增加或减少。运动初始时，膝盖弯曲，髌骨周围的压力最小，因此阻力也最小。

· 变化动作

单腿屈伸：此版本的变化动作通过单次单腿来完成，进一步加强对股四头肌的锻炼。单腿屈伸练习尤其有助于改善大腿不对称问题或单腿受伤后的恢复。

（二）杠铃颈后深蹲（见图3-39）

图3-39 杠铃颈后深蹲

1. 训练步骤

（1）双脚与肩同宽站立，双手采用正握式将杠铃绕于肩后。

（2）缓慢弯曲膝盖直到大腿与地面平行。

（3）缓慢伸直双腿，还原到初始姿势。

2. 涉及的肌肉

（1）主要肌群：股四头肌（股直肌、股内侧肌、股外侧肌、股中间肌）、臀大肌。

（2）辅助肌群：腘绳肌（半腱肌、半膜肌、股二头肌）、内收肌（长收肌、大收肌、短收肌）、股薄肌、阔筋膜张肌、竖脊肌（骶棘肌）、腹肌（腹直肌、腹外斜肌、腹内斜肌）。

3. 训练要点

（1）足间距：双脚间距过窄主要是针对股外侧肌及髋部的外展肌（阔筋膜张肌）进行锻炼；若双脚与肩同宽，则针对整个大腿进行锻炼；若双脚间距过宽，股内侧肌、内收肌，以及缝匠肌则能更多地参与到运动中来。

（2）足部姿势：脚趾向前或微微向外站立，脚趾与大腿和膝盖保持方向一致。

（3）整体姿势：在两脚跟下垫约2.5 cm挡板，使得运动重心向前，这样可以更多地针对股四头肌进行锻炼，减少臀肌的参与。做出这样的调整也有助于减少脚踝和髋关节的移动。将杠铃置于斜方肌稍下方，双肩保持杠铃平衡，从而将运动重心转移到臀大肌。力量型举重员利用这种原理和技巧能够举起更沉的配重片。

（4）身体姿势：在运动过程中始终要保持抬头挺胸，确保双手与杠铃中心位置等距，双手紧握杠铃来保持杠铃稳定和平衡。在下蹲过程中深吸气，起身时呼气。运动中不要向前弯曲上身，以免造成背部受伤。

（5）运动范围：在下蹲的过程中，膝盖弯曲90°时稍做停顿，保持大腿与地面平行。若蹲得过低，则会增加膝关节及脊椎受伤的风险。

· 变化动作

颈前杠铃深蹲：此版本的深蹲变化动作为杠铃位置在肩部前方，将运动重点从臀大肌向前转移到股四头肌。颈前杠铃深蹲的难度较大，因此配重片的重量可以相应减轻。

小贴士

深蹲是一项力量练习，练习过程中几乎会利用到身体各部分的肌肉，但出于健身塑形的目的，这项锻炼的重点在于大腿肌肉。

（三）器械深蹲（见图3-40）

1. 训练步骤

（1）身体直立于史密斯机内，将杠铃置于肩部后方，双脚与肩同宽。

（2）缓慢弯曲膝盖，直到大腿与地面平行。

（3）伸直双腿，还原到初始姿势。

2. 涉及的肌肉

（1）主要肌群：股四头肌（股直肌、股内侧肌、股外侧肌、股中间肌）、臀大肌。

（2）辅助肌群：腘绳肌（半腱肌、半膜肌、股二头肌）、内收肌（长收肌、大收肌、短收肌）、阔筋膜张肌、竖脊肌（骶棘肌）、腹肌（腹直肌、腹外斜肌、腹内斜肌）。

3. 训练要点

(1)足部姿势:双脚与身体成直线时加强对股四头肌的锻炼。脚趾向前或微微向外站立,脚趾与大腿和膝盖保持一致方向。若双脚位置在身体前侧,那么,运动重点将会转移到臀大肌和腘绳肌。

(2)足间距:双脚距离过窄,主要是针对股外侧肌及阔筋膜张肌进行锻炼。若双脚与肩同宽,可以针对整个大腿肌肉进行锻炼;若双脚间距过宽,那么股内侧肌、内收肌,以及缝匠肌则更多地参与到运动中来。

(3)手部姿势:运动中,双手与杠铃中心位置等距,在运动中确保双手紧握杠铃以保持杠铃稳定和平衡。

(4)身体姿势:运动中始终保持抬头挺胸。在下蹲过程中深吸气,起身时呼气。运动中不要向前弯曲上身,以免造成背部受伤。

(5)运动范围:在下蹲的过程中,膝盖弯曲90°时稍做停顿,保持大腿与地面平行。达到标准姿势后可做几次停顿,以保持股四头肌的紧张感。

(6)阻力:与之前的颈后或颈前杠铃深蹲相比,深蹲器在运动过程中有助于保持平衡,提高运动的安全性。

(7)轨迹:史密斯机为运动提供了单一平面的运动轨迹,即垂直上下,这样有助于运动者在运动过程中集中进行某部位的练习。

图3-40 器械深蹲

· 变化动作

器械颈前深蹲:此版本的变化动作,需要将杠铃置于肩膀前方,双手交叉保持杠铃的稳定。这样更有利于股四头肌的锻炼,臂肌的参与减少。

（四）腿部推蹬（见图 3 – 41）

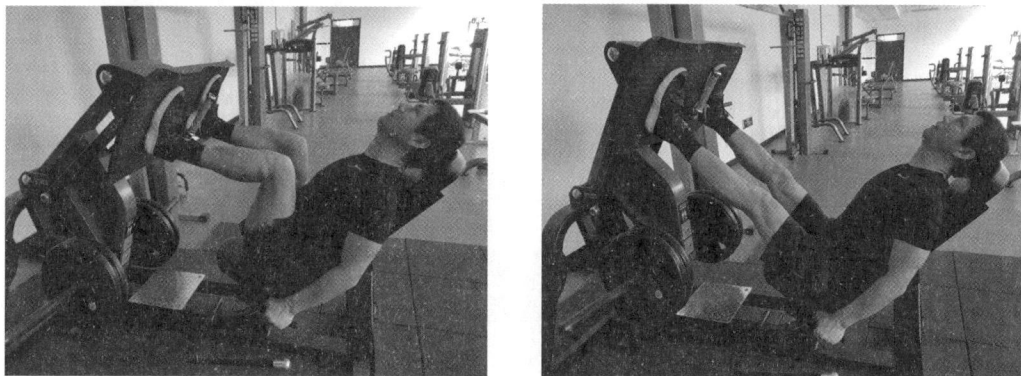

图 3 – 41 腿部推蹬

1. 训练步骤

（1）坐于腿部推蹬器上，双脚蹬在踏板上，与肩同宽。

（2）缓慢收腿，降低杠铃高度，直到双腿成 90°角。

（3）用力伸直双腿，将杠铃向上蹬起，还原到初始姿势。

2. 涉及的肌肉

（1）主要肌群：股四头肌（股直肌、股内侧肌、股外侧肌、股中间肌）。

（2）辅助肌群：臀大肌、腘绳肌（半腱肌、半膜肌、股二头肌）、内收肌（长收肌、大收肌、短收肌）、股薄肌、阔筋膜张肌。

3. 训练要点

（1）足部姿势：双脚置于脚踏板低处，加强对股四头肌的锻炼。若双脚置于脚踏板较高的位置，运动重点将转移到臀大肌及腘绳肌。

（2）足间距：双脚与肩同宽有利于整个大腿肌肉的锻炼。若双脚间距过宽，更多的是强调股内侧肌、内收肌，以及缝匠肌的锻炼；若双脚间距过窄，运动重点则转移到股外侧肌及阔筋膜张肌。

（3）轨迹：利用前脚掌将杠铃推起可以使运动者抬起脚跟，随着杠铃高度的降低，不仅股四头肌的锻炼增强，同时也可以减少髌骨的压力。利用脚跟将杠铃推出，腘绳肌及臀大肌则会更多地参与到运动中来。

（4）身体姿势：上身与双腿形成的角度会对运动中参与的肌肉，以及下背部的压力产生影响。身体与双腿的角度成 90°角时，主要加强对臀大肌和腘绳肌的锻炼，下背部的压力增大。若靠背与地面角度较小，也就是说身体向后方倾倒，此时下脊椎的压力同样较小，股四头肌则更多地参与到运动中来。

（5）运动范围：达到标准姿势后可做几次停顿，以保持股四头肌的紧张感。

（6）阻力：与颈前或颈后的杠铃深蹲相比，此练习减少了脊椎负担，降低了背部受伤的风险。另外此练习更多地强调了股四头肌的锻炼，而非臀大肌。

· 变化动作

单腿推蹬：此版本的变化动作中，要求进行单次单腿练习，主要是针对力量较弱的腿进行锻炼或是对受伤的腿进行保护。

（五）箭步蹲（见图 3 – 42）

图 3 – 42　箭步蹲

1. 训练步骤

（1）双腿分开，与肩同宽直立，双手各握一个哑铃（中立握），双臂自然下垂于体侧。

（2）一只脚向前迈步，弯曲膝盖，大腿与地面平行。

（3）还原到初始姿势。另一只脚迈步，重复之前的动作。

2. 涉及的肌肉

（1）主要肌群：股四头肌（股直肌、股内侧肌、股外侧肌、股中间肌）、臀大肌。

（2）辅助肌群：腘绳肌（半腱肌、半膜肌、股二头肌）、内收肌（长收肌、大收肌、短收肌）、股薄肌、阔筋膜张肌。

3. 训练要点

（1）足间距：双脚与肩同宽站立，有助于保持身体平衡。

（2）足部姿势：向前迈步时，脚尖指向前方或微微外张。迈步后，保持后脚位置不动。

（3）轨迹：箭步时，若跨步距离稍短，主要是针对股四头肌进行锻炼；若跨步距离较远，则主要是针对臀肌及腘绳肌的练习。

（4）身体姿势：随着箭步向前，将身体重心放在前腿上。与此同时抬头挺胸，保持上身直立。

（5）运动范围：在运动过程中，应该保持膝盖弯曲90°，大腿应尽量与地面平行。

（6）阻力：箭步蹲要求哑铃的重量轻于其他腿部练习时的重量。若使用的哑铃过重，则会对髌骨产生损伤，从而带来疼痛。

· 变化动作

杠铃箭步蹲：此练习中，将杠铃取代哑铃。杠铃置于肩部后方。与哑铃箭步蹲相比，此练习更难保持平衡。

箭步走：与之前的练习不同，此练习不需要还原到初始姿势，在完成箭步蹲后换另外一条腿继续进行重复练习。

史密斯机箭步：使用史密斯机进行箭步蹲练习有助于保持稳定和平衡。

（六）俯卧后屈腿（见图3－43）

图3－43　俯卧后屈腿

1. 训练步骤

（1）俯卧于器械上，双脚脚跟钩住滚筒底垫。

（2）通过弯曲膝盖将配重片抬起，脚跟向上朝臀部方向。

（3）伸直双腿，降低配重片高度，还原到初始姿势。

2. 涉及的肌肉

（1）主要肌群：腘绳肌（半腱肌，半膜肌、股二头肌）。

（2）辅助肌群：臀大肌、腓肠肌。

3. 训练要点

（1）足部姿势：脚尖向前针对三块腘绳肌进行锻炼。脚尖内收主要强调内侧腘绳肌（半腱肌，半膜肌）。脚尖外翻主要针对外侧腘绳肌（股二头肌）进行锻炼。运动时，保持脚踝弯曲90°（背屈）能够减少小腿肌肉的收缩，因此能够更好地单独针对腘绳肌进行锻炼。双脚跖屈也可以使小腿肌肉更多地参与到运动中来。

（2）足间距：双脚分开与胯同宽是此练习的标准姿势。若脚间距过宽则针对内侧腘绳肌（半腱肌，半膜肌）进行锻炼；若脚间距过窄，则更多地针对外侧腘绳肌（股二头肌）。滚筒底垫的尺寸对足间距有一定的限制。

（3）身体姿势：大部分器械的挡板都是在臀部位置产生一定的角度，使得运动者上半身向前微倾。这样的身体姿势可以使坐骨产生一定的倾斜，同时也可以拉伸腘绳肌，因此能更有效地单独进行某部分肌肉的锻炼。运动时，保持脊柱伸直，不要抬起胸部。

（4）运动范围：在腿部向上的过程中，尽可能弯曲膝盖。在完全伸直膝盖之前可以做几次停顿以保持腘绳肌的紧张感，同时减少膝关节的压力。

（5）阻力：此练习中阻力基本一致，但是不同型号器械在运动中的阻力会有所变化，可能在初始姿势时阻力较小，在腘绳肌完全拉伸时容易受伤。

·变化动作

坐式屈腿：坐式屈腿器械的垂直靠背能够使关节与上半身及大腿形成90°。这样的身体姿势不仅能够产生更大程度的肌肉拉伸，同时也能有效地防止臀部肌肉拉伸，从而避免腘绳肌的过度紧张。

(七)杠铃直腿硬拉(见图3-44)

图3-44　杠铃直腿硬拉

1. 训练步骤

(1)脚尖向前直立，与髋关节保持在同一水平线，手握杠铃(正握式)，双臂自然下垂。

(2)腰部以上向前屈体，降低杠铃高度，同时保持双腿伸直。

(3)在配重片接近地面前稍做停顿，之后还原到初始姿势。

2. 涉及的肌肉

(1)主要肌群：腘绳肌(半腱肌、半膜肌、股二头肌)、臀大肌。

(2)辅助肌群：竖脊肌(骶棘肌)、股四头肌(股直肌、股外侧肌、股内侧肌、股中间肌)。

3. 训练要点

(1)足间距：双脚脚尖向前，与髋关节保持在同一水平线，足间距比肩稍宽，以便更好地刺激腘绳肌内侧。

(2)足部姿势：双脚脚尖向前或微微向外，与髋关节保持在同一水平线。

(3)握式：双手与肩同宽，这样才能保证手臂与地面垂直，同时保证双手在大腿外侧。采用正握式，但应是一只手掌心向上，另一只手掌心向下，防止杠铃滑脱。

(4)轨迹：杠铃尽量贴近身体，直上直下。

(5)身体姿势：运动时，膝盖可以轻微弯曲，但是为了更好地刺激腘绳肌，尽量保持双腿伸直。整个运动过程中，要注意保持脊柱前挺。完成此练习，需要双脚前脚掌着力，配重片为 1.3 cm 左右的厚度,才能保证腘绳肌不会过分拉伸。

(6)运动范围:降低杠铃高度,直到腘绳肌得到完全拉伸,但是要注意脊柱压力不要过大。进行此练习时没有必要站在长椅或挡板上以此来扩大运动范围。盆骨完全向前倾斜,腘绳肌将得到充分拉伸。运动时弯曲下脊椎对腘绳肌拉伸并没有影响,但会使受伤的概率加大。根据自身的身体柔韧度,可以调节杠铃向下的高度,如膝盖以下或脚踝以上。

(7)阻力:此练习的杠铃配重片应该选择较轻的重量,与标准屈腿硬拉的杠铃一样,用以增加下背部的力量。

·变化动作

器械直腿硬拉:此版本的变化动作使用史密斯器械,与前面介绍的器械硬拉相同。

(八)哑铃单腿提踵(见图 3 - 45)

图 3 - 45　哑铃单腿提踵

1. 训练步骤

(1)单手手握哑铃,同侧脚趾踩在 7.5 cm 厚的底板上。尽可能让后脚跟从底板垂下,越低越好。另一侧手握住扶手保持身体平衡。

(2)抬举配重片,尽量抬起脚跟,同时保持该腿挺直。

(3)缓慢放下脚跟,还原到初始姿势。本版本的提踵练习通过单次单腿完成一侧腿的锻炼,重复完成一定次数后换另一侧腿进行。

2. 涉及的肌肉

(1)主要肌群:腓肠肌。

(2)辅助肌群:比目鱼肌。

3. 训练要点

(1)足部姿势:脚尖向前针对整块腓肠肌进行锻炼。脚尖向内或外张主要加强对内侧或外侧腓肠肌的刺激。

(2)身体姿势:运动时,保持膝盖和后背挺直有助于腓肠肌得到单独锻炼和拉伸。如果膝盖弯曲,比目鱼肌则会更多地参与到运动中来。

(3)运动范围:为了最大限度地扩大运动范围,在每个动作中,脚跟要下降时尽可能低,提升时尽可能高,在降低脚跟和提起脚跟时动作都要停顿片刻,缓慢进行。所有的动作都通过弯曲脚踝来完成,而非膝关节。

(4)轨迹:脚下的底板应该有一定的厚度才能达到完整的运动范围和效果,同时保证脚跟下垂时不会接触地面。

六、腹部训练

腹壁可分为两部分:前壁和侧壁,它们功能各不相同。前壁由一整块肌肉构成,称为腹直肌(也叫腹肌)。腹肌自肋骨和胸骨下缘起垂直向下生长,连接耻骨。两侧的腹直肌(左右各一)包裹在筋膜下,向下构成腹肌的中部肌肉,也就是通常我们所说的——白线。肌肉中的筋膜部分主要负责划分6块肌。腹直肌可以产生人体躯干的弯曲,也可以使得上半身向腿部弯曲。

侧壁主要由三层肌肉构成。腹外斜肌位于腹前外侧浅层,是可以看到的,是由胸腔沿外侧向下连接直到髋骨;腹内斜肌处于中间层,与外斜肌相反,内斜肌沿内侧由髋骨向上连接直到肋骨。腹横肌处于腹肌最深处,水平穿过腹壁。单侧斜肌收缩可以使身体向一侧弯曲。两侧斜肌同时收缩可以协助腹直肌弯曲身体,无论身体负重程度如何,这两侧肌肉都会对腹壁起到加固作用,将重物提起。注意,只有腹外斜肌是肉眼可见的。

前锯肌是胸部侧壁的一部分。此部分肌肉由肩胛骨后方开始向前到达胸壁,连接着上8根肋骨。前锯肌的锯齿边缘在胸大肌的外侧边缘下方突显出来,前锯肌可以向前拉或伸展肩胛骨,将肩胛骨稳定地固定在胸壁上。除此之外,前锯肌的最核心功能是无论何时胸大肌及背阔肌进行收缩,它都能为其提供相应的辅助功能。在进行斜肌的练习中,也可以针对前锯肌进行锻炼。

有效的腹部健身项目应该涵盖所有的腹部部位。例如进行上腹部锻炼时,可以选择卷腹或仰卧起坐;进行下腹部锻炼时,可以选择举腿、收膝或反向卷腹练习(仰卧屈膝收腹)。为达到最佳效果,应该进行完整的练习,通过转体练习、斜肌卷腹或侧弯来完成。

(一)仰卧起坐(见图3-46)

1.训练步骤

(1)双脚钩于斜椅的挡板下方,坐于斜椅上,上身直立。

(2)上半身向后,几乎与地面平行。

(3)身体前倾,上身还原到直立初始姿势。

2.涉及的肌肉

(1)主要肌群:腹直肌。

(2)辅助肌群:股四头肌(股直肌、股外侧肌、股内侧肌、股中间肌)、臂屈肌(缝匠肌、髂腰肌)。

3.训练要点

(1)手部姿势:双手可以在后背部相握,也可以在胸前交叉或双手十指交叉抱于脑后。随着双手由身后到胸前再到脑后,运动阻力逐渐增加。

(2)足部姿势:确保双脚在滚筒底垫下方,或处于相对可以支撑身体的位置。

（3）身体姿势：弯曲膝盖，减少下背部的压力。

（4）运动范围：坐立时上身应该与斜椅保持垂直，腹部尽量贴向大腿。身体向后时，要保证几乎与地面平行，也就是到达斜椅1/4的距离时停止。身体不要过分向后，因为过分向后会导致腹部压力相对减少，后背部压力增大。

（5）轨迹：斜椅通常与地面成30°～45°角。斜椅倾斜角度越大，运动难度越大。

（6）阻力：运动时，可以通过增大斜椅倾斜角度或在胸前增加配重片来增大运动阻力。

图3-46　仰卧起坐

·变化动作

地面仰卧起坐：此版本的变化动作中，运动者坐于地面，双膝弯曲，双脚紧贴地面。

（二）卷腹（见图3-47）

1. 训练步骤

（1）仰卧于地面，臀部成90°角，双手抱于脑后。

（2）双肩抬离地面，胸部向前卷，保持下背部紧贴地面。

（3）放松肩部，还原到初始姿势。

2. 涉及的肌肉

（1）主要肌群：腹直肌。

（2）辅助肌群：腹外斜肌、腹内斜肌。

3. 训练要点

（1）手部姿势：双手可以交叉于胸前或置于体侧，也可以交叉于脑后。随着双手由体侧到胸前再到脑后，运动阻力相对逐渐增加。

（2）足部姿势：双脚可以置于地面，尽量贴紧臀部位置，或放在长椅上。双脚也可以放在长椅上进行卷腹练习，这样则增大了运动阻力。

（3）身体姿势：大腿应该与上身成90°角。运动者可以将双腿（小腿）放于长椅上，或将双脚放在地面，紧贴臀部位置。

（4）运动范围：卷腹练习仅限上脊柱参与运动，肩部抬离地面约10 cm的距离。下背部保持不动,臀部不能发生位移。卷腹与仰卧起坐相反,仰卧起坐的运动主要发生在腰部和臀部。

(5)阻力:运动时可以通过将双手抱于脑后或双脚置于长椅上来增加运动难度和阻力。

图 3 - 47　卷腹

(三)跪膝拉力器收缩卷腹(见图 3 - 48)

图 3 - 48　跪膝拉力器收缩卷腹

1. 训练步骤

(1)双膝跪于拉力器下方,面向或背对配重片,双手于脑后握绳。

(2)通过弯曲腰部,使身体前屈将配重片下拉。

(3)还原到初始姿势。

2. 涉及的肌肉

（1）主要肌群：腹直肌。

（2）辅助肌群：腹外斜肌、腹内斜肌、前锯肌。

3. 训练要点

（1）手部姿势：双手可以于头上方或任意方位握绳，或于上胸部前方握绳。手部位置越高，运动难度越大。

（2）身体姿势：运动者可以根据个人喜好面向任一方向，即面向或背对配重片跪立。

（3）运动范围：上半身应该由直立姿势变为几乎与地面平行的姿势。

（4）轨迹：如果运动者在此练习中的运动距离较短，那么，在卷腹时增大运动范围则会收益更多。

（5）阻力：随着配重片重量不同，阻力也相应发生变化。

·变化动作

跪膝拉力器收缩卷腹：此版本的变化动作中，因不同器械配置的绳子不同，所产生的阻力也会不同。还有一些器械提供了腰部挡板，在运动过程中支撑下背部，阻力因此由头上方的拉力器产生。

（四）器械卷腹（见图3－49）

图3－49　器械卷腹

1. 训练步骤

（1）坐立于卷腹器前，手握手柄，双脚置于脚踝挡板下方。

（2）向下卷腹，上半身向膝盖方向屈体。

（3）还原到初始姿势。

2. 涉及的肌肉

（1）主要肌群：腹直肌。

（2）辅助肌群：腹外斜肌、腹内斜肌、前锯肌。

3. 训练要点

（1）手部姿势：根据不同的器械设计，双手可以握住脑侧的手柄或置于胸前的挡板上。

（2）足部姿势：同样，根据不同的器械设计，双脚可以放在地面或钩住脚踝挡板的下方。

（3）身体姿势：有些器械上手柄会提供一定的阻力，但是还有些器械上的阻力会通过胸板来传递。

（4）运动范围：上半身应该由垂直姿势变为几乎与地面平行的状态。

（5）阻力：根据不同的器械设计，可以通过握住手柄或移动胸板来移动配重片。通过调节配重片的重量产生不同的阻力。

· 变化动作

带胸板器械卷腹：在一些腹部训练器械上，阻力由胸板产生，而非手柄。

（五）引体向上垂悬举腿（见图3－50）

图3－50　引体向上垂悬举腿

1. 训练步骤

（1）手握单杠（正握式）或双臂肘关节置于一对腹肌吊索上（吊索与单杠相连，支撑身体重量），双腿自然下垂。

（2）同时向胸部方向抬起双膝，保持双膝微屈。

（3）缓慢放下双腿，还原到初始姿势，注意在这个过程中，身体不要产生晃动。

2. 涉及的肌肉

（1）主要肌群：腹直肌。

（2）辅助肌群：腹外斜肌、腹内斜肌、髂腰肌、股直肌。

3. 训练要点

（1）手部姿势：双手与肩同宽握住单杠，双臂自然伸直。

（2）足部姿势：双腿合拢，膝盖微屈。

（3）身体姿势：身体悬于单杠下，与地面垂直。

（4）运动范围：尽量抬高双膝，以增大肌肉的收缩程度。在下垂双腿的过程中，保持膝盖微屈以维持腹部肌肉的紧张感。

（5）轨迹：抬腿的过程中同时将盆骨抬起，有助于下腹肌的收缩。

（6）阻力：在进行此练习时，双腿伸直会增加运动难度。因此，膝盖越弯曲，运动越容易。

· **变化动作**

垂直抬腿：在垂直抬腿器前，后背可以利用靠背来支撑身体，同时双肘置于挡板上。这样可以有效防止运动过程中双腿抬起放下时带来的身体晃动。

（六）直腿仰卧起坐（见图 3 - 51）

图 3 - 51　直腿仰卧起坐

1. 训练步骤

（1）仰卧于地面，双腿伸直，双手自然放于体侧，双脚固定在地面（可由他人协助完成）。

（2）后背挺直，抬起上半身直到双手到达膝盖位置。运动时双手在大腿两侧滑动。

（3）缓慢后倾上半身，还原到初始姿势。

2. 涉及的肌肉

（1）主要肌群：腹直肌。

（2）辅助肌群：腹外斜肌、腹内斜肌、上腹直肌、髋屈肌（缝匠肌、髂腰肌、股直肌）。

3. 训练要点

（1）运动范围：脊柱挺直，上半身抬离地面。肩部抬离地面约 15～30 cm，双手自然触及膝盖。此动作只能发生在腰部及臀部，与卷腹动作相反，卷腹动作发生在上脊柱。

（2）身体姿势：双腿始终伸直。膝盖后方及脚跟在整个运动过程中与地面始终接触，不可抬离。

（3）足部姿势：确保双脚在滚筒挡板下或处于一个相对可以支撑身体的位置。也可以由他人协助,按压脚踝完成此动作。

(4)手部姿势:双臂自然放于体侧,运动时双手在大腿两侧自然滑动。运动结束时,双手应该正好触及膝盖来保证下腹部肌肉的紧张感。

(5)阻力:可以双手抱于脑后或在胸前增加配重片来增加运动的难度,从而增加运动阻力。

(七)下斜转体仰卧起坐(见图3-52)

图3-52 下斜转体仰卧起坐

1. 训练步骤

(1)坐立于斜椅上,双脚钩住下方的挡板,身体后倾,双手抱于脑后。

(2)坐立起身后,身体扭转,右臂肘关节向左膝方向扭转。

(3)向后倾倒,还原到初始姿势。在下一个重复练习时,沿反方向扭转身体,即左臂肘关节向右膝扭转。

2. 涉及的肌肉

(1)主要肌群:腹直肌、腹外斜肌、腹内斜肌。

(2)辅助肌群:前锯肌、臀屈肌(缝匠肌、髂腰肌、股直肌)。

3. 训练要点

(1)手部姿势:双手抱于脑后。

(2)足部姿势:确保双脚位于滚筒挡板下方,或处于类似的支撑位置。

(3)身体姿势:膝盖弯曲,减少下背部压力。

(4)运动范围:转体时,上半身应该保持与斜椅垂直的角度,一侧肘关节几乎触及另一侧膝盖。大腿几乎与地面平行,若身体后仰角度过大,腹部肌肉会相对放松,此时下背部的压力也会增大。

(5)轨迹:斜椅倾斜角度越大,运动难度越大。

（6）阻力：运动时，可以通过加大斜椅倾斜角度或双手于脑后握配重片来增加运动阻力。

· 变化动作

坐姿转体：坐立于长椅边缘，双手握一根长棍于颈后。扭转上半身，左右各一次。向右转体时，能够感受到右侧斜肌收缩；反方向，同理。

（八）哑铃侧弯（见图3-53）

图3-53　哑铃侧弯

1. 训练步骤

（1）身体直立，右侧手握一个哑铃，左侧手抱于脑后。

（2）向右侧弯曲身体，向右侧膝盖方向降低哑铃高度。

（3）直立身体，还原到初始姿势，收缩左侧斜肌。

2. 涉及的肌肉

（1）主要肌群：腹外斜肌、腹内斜肌、前锯肌。

（2）辅助肌群：腹直肌、腰方肌。

3. 训练要点

（1）手部姿势：手握哑铃，手臂自然下垂于体侧，另一侧手抱于脑后。

（2）足部姿势：身体直立，两脚分开与胯同宽。

（3）身体姿势：身体向右侧弯曲时，主要针对左侧斜肌进行锻炼；另一方向，反之。

（4）运动范围：身体弯曲大约45°或弯曲到哑铃能够到达膝盖高度。

（5）轨迹：身体应该保持侧弯，不要向前或向后倾斜。

（6）阻力：避免使用过重的哑铃。过度锻炼斜肌会使腰部显得笨重。

（九）拉力器侧弯（见图 3 - 54）

图 3 - 54　拉力器侧弯

1. 训练步骤

（1）身体直立,左手握 D 型手环,拉力器固定在身体左下方。

（2）右手抱于脑后,向右侧弯曲身体,收缩右侧斜肌。

（3）身体直立,还原到初始姿势。

2. 涉及的肌肉

（1）主要肌群:腹外斜肌、腹内斜肌、前锯肌。

（2）辅助肌群:腹直肌、腰方肌。

3. 训练要点

（1）手部姿势:手握 D 型手环,拉力器固定在低处,一只手自然下垂握住手环,另一只手抱于脑后。

（2）足部姿势:身体直立,双脚比胯稍宽。此练习时的手臂和双腿姿势类似于四角星。

（3）身体姿势:距离拉力器稍远的地方站立,这样保证手臂处于伸展的状态。右手握配重片时,左侧斜肌得到锻炼;反向,反之。

（4）运动范围:练习时,身体应该直接向一侧侧弯,角度约为 60°,面对镜子时介于 10 点和 12 点之间。在进行反方向练习前,也可以向配重片方向弯曲来拉伸斜肌。

（5）轨迹:身体应该保持侧弯,不能向前或向后倾斜。

（6）阻力:可以根据自身能力调节配重片重量,从而调整运动阻力。使用较重的配重片时需要注意的是,过度锻炼斜肌会使腰部显得笨重。

第二部分　拉伸训练

一、拉伸训练基本知识

（一）为什么要进行拉伸训练

体育运动和保持良好的身材是通往长久、优质生活的途径。如今大多数人都已经意识到爱惜身体的重要性，以及体育活动对机能的正面影响。为了使身体机能达到最佳状态并且获得我们所需要的满足感和成就感时，我们就应了解做哪些练习能够使身体达到最佳状态，以及如何练习。

许多人也许已经在校园里学习了基本的身体素质练习，包括肌肉质量（力量）、柔韧性、耐力和速度，那么，我认为前三项是实现活跃、充实生活的基础。虽然速度也很重要，但它只是力量的一种表现形式而已。同时训练这三种素质可以延缓体力衰退，特别是延迟衰老。我们都知道，肌肉质量、耐力、柔韧性的损耗会随着年龄增长而愈加明显。

（1）肌肉质量的损耗：从35～40岁开始时尤为明显。肌肉质量的损耗使得力量减弱，最终导致做最大限度训练时更加艰难。

（2）耐力的损耗：衰老和静止导致我们的心血管系统衰退，进而更加低效。所以，之前对我们来说毫不费力的登山或爬台阶，如今却成了艰巨的挑战。但实际上我们并不会为此担忧。

（3）柔韧性的损耗：柔韧性从出生之日就开始减弱。与之相反，力量和耐力自然增长，直至成年时期才开始下降。柔韧性是从我们呼吸那一刻就开始降低的，因此我们需要特别关注它。肌肉和关节退化表明许多人在成年或年老时身体严重僵化，活动受限。此外，柔韧性缺失导致静滞，而静滞则引发更大程度的柔韧性缺失，它们不断循环往复，直至我们死去。但这并非是无可避免的命运，其取决于我们是听任身体退化还是决心施以行动，这就是我们要引入柔韧性训练的原因。

柔韧性的训练涉及拉伸，它是制造肌肉中的张力并使其达到最大长度的练习。规律的拉伸可以让我们保持动作的最佳幅度，活动自如，因此身体才能够成为我们与周遭环境融合的绝佳途径，而不是像蜷缩在痛苦而又局限的躯壳中。

在日常生活中，我们常处于糟糕的姿势，从事持续的或重复性的学习活动，以及失衡的体力劳动。很多时候这些动作会引起不适、疼痛、疲意，以及许多我们无法解读的身体信号。我们常常太关注学习或日常的任务，乃至忘记如何去享受自己的身体，更糟糕的是，我们已经无法理解它给我们传递的信息了。这个信号曾经告诉我们"我感觉很好，我可以继续跑步"，或"我已经到达极限，无法再坚持了"。

通常我们认为拉伸的肌肉有弹性特质，而且通常每块肌肉会产生引起相反动作的对抗肌，因此，某种肌肉相对另一种处于优势时就会引发肌肉失衡。未经训练的人身上出现的失衡也可能发生在那些看上去状态令人羡慕的、受过训练的人身上。我们必须记住肌肉力量的失衡会导致严重的问题。

让我们看个例子：肌肉好比橡皮筋，某人很勤奋地弯曲手肘来锻炼他的肱二头肌，却忽视了用来伸直手肘的肱三头肌,这相当于有一根粗而有力的橡皮筋来拉扯前臂的前端,而有一根脆弱纤细的橡皮筋来拉扯后端,结果手肘必定永久呈现出明显角度的弯曲。如果肱二头肌不被拉伸,并且此人不去做补偿肌肉的运动,这种弯曲将会加重。同样,某些人只锻炼胸肌而忽略背肌时,他们会呈现驼背塌胸的姿态。

还有一个典型的例子便是股四头肌,当运动员身上的股四头肌突然收缩时(比如足球队员射门瞬间),坐骨胫骨肌就可能因承受的张力而受伤。这点可以通过拉伸后者的肌群来避免,可以在达到极限前扩大其运动幅度。另一方面,某些运动员的职业(例如短跑和举重),极有可能压迫到关节,尤其是椎间盘,在训练后拉伸则能够补救这种状况。

拉伸还可以帮助减小肌张力,即减小肌肉紧张度。其实,所有人在结束训练后都应该想到减小肌张力。在许多体育中心里有这样一种说法——肌肉紧张度很重要,但它仅在发力时产生,之后肌肉应当放松。肌张力增加是体育运动的瞬间反应,运动停时肌肉就该休息。如果我们想要更平滑更细致的肌肉,只能通过增加其尺寸和力量来实现,因为静止时保持肌肉紧张度就意味着拉紧或肌肉收缩,这将导致肌肉疼痛,而且不一定健康。

所以,拉伸练习是提高适度柔韧性的最佳方式,从而我们能够扩大范围的活动放松肌肉,提升运动水平。拉伸练习只需要付出最少的努力,且不会引发疲劳,就能获得放松和轻盈的感觉。

(二)拉伸训练的益处

身体会对外界给予的任何压力和刺激都有所反应。因此,做举重训练的运动者可以增强肌肉;经常跑步的人会逐渐提升耐力;游泳时常待在水面下的人会发现每次都能够不换气在水底停留更长的时间……

同样,经常做拉伸的人可以获得更大的柔韧性。因为身体能感知到它所受的刺激,当强度足以引发张力时,身体会自我强化以应对随后的刺激,这将为自身平衡提供更大地保障和更小地扰乱。大部分的运动情况类似,但柔韧性却是例外。当我们做拉伸动作时身体必须对肌肉张力做出反馈,那样才能保持最佳的柔韧性。如果休息几个月,重返训练时都会发现柔韧性已显著下降。

所以,身体需要规律和刺激对其加以改善和增强,过分地刺激也许会超过复原的能力限度而引发疲惫或受伤。我们提到过肌肉有弹性特质,换句话说,我们可以通过拉伸或收缩来改变其形状,之后它们又会复原。但如果过度拉伸将发生什么呢?非常简单,如果我们超过了肌肉的弹性限度后还继续拉伸,肌肉形变将会由弹性变为塑性,也就是肌肉会继续形变且无法恢复原形,我们将经受肌纤维伸长、破裂或类似情况所带来的损伤。这就是为何拉伸到疼痛点的危险性。这适用于任何竞技职业:当一些耐力或超常耐力运动员超出他们的恢复能力,或受到过度地刺激时,可能会遭受心脏类疾病所带来的伤害,最坏的情况是死亡。所以最好意识到身体无法承受所有刺激,了解自身及运动时自身的感觉是非常重要的。

正确的拉伸将帮助我们改善,在任何身体活动中最关键的是使用你的大脑诸多方面的机能,并在不同状况下带来益处:

(1)提高关节活动性:肌肉可能由于不同原因而缩短。骨折过的人知道,当保护板去掉后关节无法自如活动,因为他们失去了很大一部分的运动幅度,所以有必要进行几周的康复运动来恢复其正常的行动能力。这样的情况也会因静止或显著的失衡运动而导致。如果我们只锻炼某个肌群,却没有做大范围的运动,这些肌肉可能会缩短,同时它们因力量训练变得十分强大,拉伸可能更加费力。所以,应当经常拉伸以保持关节的健康和机能。

(2)血液再生:在经过大强度训练之后,肌肉会充血、肿胀和紧绷。这是因为为了满足训练区域对能量和氧气的更大需求,血液为组织输送更多的糖原和氧气,所以发力的肌肉中血液流动加快。

当血液的疏散比进入要慢时会出现问题,这将导致肌肉里的血液聚积。增加的血液供给抬升了肌肉的血压,而同样的压力施加在血管上,则减少了血液的排出量。我们可以通过一个例子看得更清楚:当我们试图用吸管吸取饮料,同时用手指挤压吸管时,饮料将无法到达嘴里或只流进非常有限的量。所以在锻炼后的短时间内,氧气和养分很难到达肌肉里,同时也难以排出运动时产生的废物。训练后做拉伸练习则可以疏导积聚的血液,使新鲜血液进入组织,促进运动区域恢复得更好更快。如果当运动员的训练被分成若干阶段并伴以中间休息,那么,在暂停期间拉伸也可以提高恢复运动时的表现。

(3)放松紧张的部位:我们经常感受到背部、颈部和肩部因工作、长时间汽车旅行、搬运重物、错误姿势等带来的紧张感,表现为疼痛和不适。它们可能来自身体特定部位受到的连续、持久的张力,尤其当该部位没有被正确地训练如何承受这些张力时,拉伸可以缓和那些扭曲的、紧张的或过度紧绷的区域。如果无法避免过量运动,对受影响的肌肉做些额外的力量训练也是个好办法。

(4)对抗性肌群之间的平衡:大部分的姿势问题直指肌肉失衡。有着发达胸肌但没有相应增强背肌锻炼的人将会驼背塌胸。同样情况也会发生在腰部区域:一味地增强并缩短腰大肌和髂部,则会出现腹壁的疲软。这时,最佳的选择就是拉伸已经缩短的或发展得优于其对抗肌的肌肉,以及增强对抗肌来恢复姿势的平衡。

(5)竞技的准备:任何热身环节都应包含拉伸,尤其是在竞赛或高强度训练之前。除了能锻炼肌肉之外,拉伸还会带来一些好处,包括增加肌肉热度、提高其黏度和灌溉水平,进而提升运动表现并减小受伤概率。拉伸一般在热身的收尾阶段进行,帮助血液更新,尤其是通过增加肌肉的拉伸能力来略微扩大关节活动范围,这样肌肉便能利用额外的幅度来避免因被迫的移动、摔倒、突然的转向、缺乏支撑或最大发力所带来的损伤。如果我们崴了脚踝,腓骨肌仅能拉伸 4 cm,扭曲超过了此限度,将导致扭伤。另一方面,如果我们拉伸后使得腓骨肌能够延展 6 cm,就能创造了额外的余量。这看上去并不多,并且拉伸无法成为确凿的可避免损伤的证据,但扭到脚踝时多出的幅度在此时就很重要了,它很可能决定脚踝是轻微疼几分钟还是严重得使我们几周甚至几个月都必须停止运动的分水岭。

(三)拉伸的方法

当我们知道了柔韧性训练的目的和益处之后,还应了解拉伸的方法。如下有几种拉伸方式,每种都包含了些许变化。

1. 静态拉伸

做静态拉伸时我们缓慢地移动肌肉,直至肌肉能被拉伸到的位置,然后将其保持一定的时间。通常需要维持 15~60 s 的拉伸姿势,再将每个练习重复几次。显然时间和重复次数由不同因素决定,比如个人的目的、水平层次、肌肉的尺寸、力量及止处,还有涉及的关节。这类拉伸是最常见的,有几个原因使其成为拉伸的重点。首先静态拉伸要缓慢、速度可控地进行,动作越慢越不容易失控,对于疼痛和不适的及时反应能力也将得到极大地提升,同时这种练习和使用技巧的简易性也使得高级的运动员和初级的人群都能从拉伸中获益。

此外,这种拉伸的有效性也已被充分证明,缓慢的运动和静止的姿势能够帮助限制肌伸张反应。这种反射是由突然拉伸肌肉引起收缩而产生的防御机制。在普通运动中,这种反射可避免肌肉因过度拉伸而受伤,但在柔韧性练习时它又会限制训练效果甚至起到相反作用。静态拉伸无疑有许多原因值得推崇,强烈向所有类型的练习者推荐。除了基础的静态拉伸之外还有其他的拉伸类型。

(1)主动拉伸:肌肉的拉伸是由对抗肌的活动所引发的。例如,当我们拉伸并向后移动手臂时,胸肌因背肌的收缩而拉伸。这个方法很有用,因为当某一肌肉被拉伸时,它的对抗肌就在收缩。另外,这是一种非常安全的拉伸方式,因为移动很缓慢,仅仅是通过对抗肌的逐渐收缩来完成。此外,在这种情况下肌伸张反射可能发生作用,再加上其他力学因素会限制拉伸并减弱练习的效果。我们可以用坐骨胫骨肌和它们的对抗肌——股四头肌来做进一步了解,后者远庞大和强壮于前者,所以想仅依靠收缩坐骨胫骨肌来有效拉伸股四头肌是很困难的。

(2)被动式拉伸:做拉伸的人不需要做动作或出力,而利用另一个人或物体来产生拉伸姿势。这些练习常见于团队或和教练一起进行的训练,这种训练非常有效,因为在同伴或拉伸设施的帮助下我们可能比独自训练能更进一步。被动式拉伸通常比主动式拉伸的运动幅度要略大一些,因此运动者能获得更好更快地提升。然而这个方法也有缺点,比如可能会激发肌拉伸反射,与静态和主动式拉伸相比受伤的概率也更高。

更大的风险来自本人不再主导拉伸,所以对于拉伸及其后果的控制就减弱了。如果由同伴或器材拉伸我们,无论对方多么小心,我们对于身体的敏感度和反应能力都会大大下降,总是有拉伸稍微过度或压力释放略微延迟的风险存在。为了使这些风险最小化,做此类练习必须非常缓慢,练习者和协助者必须实时进行交流。

(3)神经肌肉易化技术:这个技巧通常需要一位助手,涉及当肌肉延展至上限时做出等长收缩。助手帮助肌群达到拉伸姿态,在该点拉伸的肌肉等长时间收缩几秒钟,即不做任何动作或缩短,然后放松肌肉拉伸姿势略微延伸。这个方法最初用于复健,经证实效果显著,但此方法可能比前文介绍的方法风险更大,最好是在有资质、有经验的人员陪同下进行练习。

2. 动态拉伸

动态拉伸是通过有控制的弹跳或摇摆动作来实现的。例如,当上身向左右两边弯曲时我们就在做动态拉伸。虽然在这种拉伸中我们试图达到动作的终点并略带弹性,但移动的速度却必须适度,回弹也要加以控制。如果遵守这些基本的准则,虽然效果不能与静态拉伸同等,但受伤的概率将大幅度减小,使得锻炼更加安全。研究表明动态拉伸能提高运动员的表现,特别是因为这些运动因素在所有体育活动中都有所展现。

不过,如果我们的目标是获得更好的柔韧性及显著增加运动幅度的范围,静态拉伸和神经肌肉易化技巧可以使其更好更快地得以改善。

弹道拉伸:和动态拉伸一样,它的目的是通过移动来提升柔韧性,但在这种情况下,动作以更快的速度进行,并在终止时弹回。通常对肢体施加的冲击力使其在高速活动中达到极限,在该点会有反弹。虽然仍常见到各种运动员在训练时做这种拉伸,但事实上,这种拉伸在体能教练和专业训练员出现之后,它们较之前出现得更少了。这种淡出的原因可归结于几点,其中最显著的原因就是受伤的概率太高。高速拉伸对于移动的控制及在不适感产生之前停止动作的能力大为削弱;在运动惯性消失之前伤害已然发生。此外,动态拉伸比弹道拉伸引发的肌伸张反射更显著,它能产生负面影响。最后,拉伸时的速度导致它在柔韧性方面的建树极小,因此这个方法带来的改善效果微弱,风险却极高。

(四)拉伸训练的基本原理

身体可以为我们带来愉悦,也能引发问题。通常我们不会感激它所展现的各种可能性:我们认为这是理所当然的,并相信它是常理的一部分。当我们面临失去它的风险或已经失去时才会意识到自己曾经拥有什么。例如,你不会觉察香烟有多大的伤害;直到电梯坏了你只能爬楼梯时……同样,当某天起床时肌肉抽筋疼痛,其实几周以来身体都在提醒我们早就该好好照料自己,这时我们才会意识到我们的肌肉处于多么糟糕的状态中。或许在陷入此类困境之前我们的身体就已经发出了信号,告知身体里储藏了什么,但在问题微小或抗炎药物起作用时,并未引起我们太多重视。

通常身体会与我们交流,通过一些症状和感觉告知我们在发生什么,这是它日常工作的方式,包括运动时。事实上,许多放松训练都强调了解自我。首先我们需要抛弃不劳而获的神话,并接受进步来自努力和坚持的理念。如果我们将这条信念运用于柔韧性训练,将能更快地提高并避免受伤。

在柔韧性训练中我们需要对不适感和肌肉拉伸时的张力保持察觉。身体可以感知到刺激,通过这种感觉我们知道拉伸正在进行。另一方面,如果我们感到疼痛,就需要换种方式去解读:疼痛总是意味着受伤或存在受伤的风险,我们应降低拉伸的强度。

控制呼吸是所有运动员训练的基础,但它在柔韧性练习中扮演了特别重要的角色,因为它有利于放松,这也是拉伸的目的之一。快而浅的呼吸和受阻的呼吸很难将我们带至平静的境界,但深而从容的呼吸却可以。虽然仍有例外(因为有的运动需要在一定时间内从肺部排出空气,或为了取得最佳结果而浅呼吸),但这条必须成为我们在柔韧性练习时用于呼吸的原则。

我们还要记住,拉伸练习需要缓慢渐进地进行,让身体接收感知并随之做出反应以提供更大的余量。如果我们快速执行一项训练,比如弹道拉伸,在首个疼痛信号和实际受伤之间就没有反应的空间,因为它们几乎同时发生。另外,缓慢拉伸时首次察觉疼痛后,我们应留出余地停止运动来阻止肌肉或关节的损伤。我们要对那些不稳定的关节所传来的信号保持关注,例如肩关节,因为它们相对容易脱臼,尤其是之前出现过此种状况的人。

此外我们还应意识到,身体在偏热的时候运转得更好,它表现得更出色,更不易损伤。正如发动机预热之后才能运行至峰值,我们不能在热身之前就拉伸肌肉。当身体冷却时,我们会更僵硬更脆弱,所以拉伸需要在热身快结束之时或运动训练之后才可以进行。我们肯定见过有的人做完拉伸才开始跑步。现在我们知道这不是最佳方式,最好在慢跑几分钟之后,以及跑步结束时再进行拉伸。

最后,我们需要非常小心并时刻注意脊柱的位置。很多时候,在我们热切地希望更进一步拉伸时往往使得脊柱张力超出限度。我们必须避免这种张力并随时注意姿势,无论做何种练习都要保持后背挺直。很明显某些拉伸,尤其是那些影响上身和颈部肌肉的动作,会对脊柱的位置产生不可避免的改变。

想要强调的是,当我们提及脊柱必须保持笔直时,实际上我们指的是它必须保持弯曲,但不能超过它的自然生理曲度。脊柱上有三处自然弯曲处:背部靠近尾椎的地方,称作脊柱后凸;另外两处是在前部位于颈椎和腰椎位置,称作脊椎前凸。无论如何我们都不应该试图消除或减小脊柱自然弯曲。这三个弯曲对于良好健康的姿态是不可或缺的,只有当它们过度变大之后才需要接受治疗,因为缺乏曲度和曲度过大都会引发许多问题。

二、身体常见肌肉的拉伸

(一)胸大肌拉伸(屈肘支撑,见图3-55)

图3-55 屈肘支撑

1. 起始姿势

侧身站在墙边、架子边或其他相似的支撑结构旁,一只脚位于在另一只脚前方,距离不用过大。前臂置于墙上,手部朝上,肘部与肩同高。

2. 动作要点

将上身转离墙壁,同时用前臂贴住墙面。在转动上身的过程中,当你感受到胸部的张力时,这表示你的拉伸动作到位了。在不减小张力的状态下将该姿势保持一段时间,然后回到起始点。如果拉伸时感到任何不适,就应减小张力。

小贴士

初级每次20 s,重复3次;中级每次35 s,重复4次;高级每次45 s,重复6次。

(二)背阔肌(固定点牵拉,见图3-56)

1. 起始姿势

站在一个不低于腰部的支撑点前方,可以使用高凳、桌子、柜台或椅子后背等。站在离支撑点足够远的地方(因为要将上身向前弯曲),然后伸展手臂去够及它。用双手抓住选择的固定点。

2. 动作要点

由上述的姿势开始,试着放低胸部,保持手臂伸展。在不感到疼痛的情况下尽可能下沉,但张力只产生在肋骨中,在自己的能力所对应的适宜时间内,保持这个姿势。许多运动中都涉及肩部的受迫前摆,必须对肩部传来的信号保持特别的关注。如果肩关节感到不适,就应该立即减轻拉伸的强度。如果腰椎感到不舒服,则略微弯曲膝关节也会有所帮助。

图 3-56　固定点牵拉

小贴士

初级每次 20 s,重复 3 次;中级每次 30 s,重复 4 次;高级每次 40 s,重复 5 次。

(三)三角肌(手臂前置后拉,见图 3-57)

图 3-57　手臂前置后拉

1. 起始姿势

站立并将一条手臂伸直穿过胸部前方,另一条前臂置于交叉手臂的上方并扣住。记住保持后背挺直,目视前方,并保证充分稳固的支撑,以及双腿的对称。

2. 动作要点

使用另一条前臂将伸直的那条手臂尽可能拉直贴紧胸部,当达到拉伸的最大张力点时,保持住这个姿势,并延长拉伸时间。与其他拉伸动作相比,此动作可能更难感受到张力,相较于坐骨胫骨肌的练习也更难辨识拉伸的感觉,但并不代表这个练习没有做正确。拉伸时旋转躯干可能会产生拉伸范围扩大的错觉,但事实上拉伸范围没有增加。

小贴士

初级每次20 s,重复3次;中级每次35 s,重复3次;高级每次50 s,重复4次。

(四)斜方肌拉伸(助力颈部侧屈,见图3-58)

图3-58　助力颈部侧屈

1. 起始姿势

摆出背部挺直、单手扶头的姿势,目视前方,不要弯曲或伸展头部。

2. 动作要点

用手接触并牵引头部,好像在试图将耳朵移向肩膀,以此产生颈部和头部的侧屈。在自己的能力所对应的时间内,保持这个姿势。可以将腾出的那只手置于背后或将拉伸侧的肩部放低来增大拉伸强度。为了保护颈椎,要避免手部牵拉力量过大。记住,关节感觉不到疼痛,只有由拉伸而引发的肌肉不适的感觉。

小贴士

初级每次20 s,重复2次;中级每次30 s,重复3次;高级每次35 s,重复4次。

（五）肱二头肌拉伸（后方牵拉，见图 3 - 59）

图 3 - 59 后方牵拉

1. 起始姿势

背向一个介于肩部和腰部高度之间的固定点站立，一只手向后伸，掌心朝内扶住固定点，其中一只脚稍微靠前放置。

2. 动作要点

不要放开支撑的手，开始略微弯曲膝关节，这时将感受到上臂和手肘前部逐渐增加的张力。当开始感到不舒服并在转成疼痛之前停止动作，并保持几秒回到起点。在感到肘部或肩部的任何疼痛之前应该减小张力，记住拉伸中的任何不适都可能来自肌肉张力，而非关节问题。

> **小贴士**
>
> 初级每次 20 s，重复 2 次；中级每次 25 s，重复 3 次；高级每次 35 s，重复 4 次。

（六）肱三头肌拉伸（肘部后拉，见图 3 - 60）

1. 起始姿势

站立并举起手臂，完全弯曲其中一只手肘，并置于脑后，用另一只手抓住对侧的肘部。

2. 动作要点

将向后弯曲的那只手肘向后拉。牵引力越大，拉伸的强度就越大。如其他肱三头肌的拉伸一样，此动作很容易感受到张力。保持几秒，然后回到起始点。被拉伸的肩部会达到极限点，所以需要缓慢地拉伸，保持对关节最微小疼痛的警惕。

图 3 - 60 肘部后拉

小贴士

初级每次20 s,重复2 次;中级每次35 s,重复3 次;高级每次45 s,重复4 次。

(七)腹直肌拉伸(眼镜蛇姿势,见图 3 - 61)

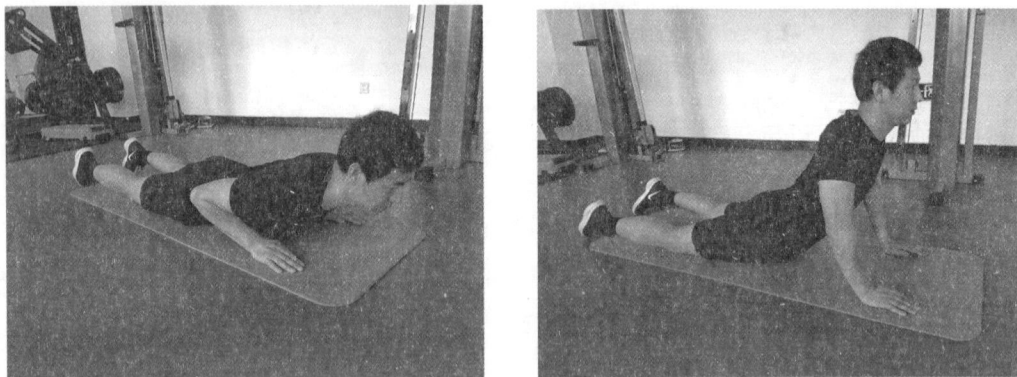

图 3 - 61 眼镜蛇姿势

1. 起始姿势

俯卧并用双手靠近胸部抵住地面,与伏地挺身的起始姿势一样。双腿必须伸展,踝关节跖屈。

2. 动作要点

逐渐缓慢地伸直手肘,保持上身放松。不可以像伏地挺身那样一下子推起自己,而应使自己的胸部脱离地面,但臀部及腿部仍接触地面。撑起自己,直到臀部开始与地面分离,在该点保持住动作,感受腹壁中的张力,在自己的能力所对应的合适时间内,保持这个姿势。臀部应该距离地面一指以内或完全与地面贴合,否则手肘将伸得过直并抬升得太多。如果腰部区域出现不适,即刻停止活动。

> **小贴士**
>
> *初级每次15 s,重复2次;中级每次20 s,重复3次;高级每次30 s,重复4次。*

（八）腰方肌拉伸（屈膝抵胸,见图3-62）

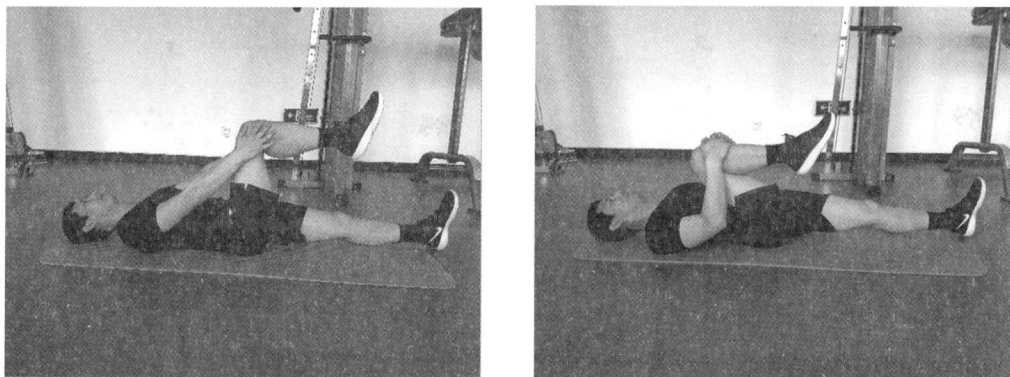

图3-62　屈膝抵胸

1. 起始姿势

仰卧并用头接触垫子,保持一条腿伸直并与上身形成一条直线,抬起另一条腿,同时弯曲膝关节并用手将其抱住。

2. 动作要点

将膝盖拉向胸部,同时保持另一条腿伸展并与地面平行。要注意背部下方、弯曲腿部的那一侧的张力,保持一定时间。尽管很难使伸直的那条腿完全贴合垫子,但尽量使其贴近垫子与之平行。

> **小贴士**
>
> *初级每次20 s,重复3次;中级每次30 s,重复4次;高级每次45 s,重复5次。*

（九）臀大肌拉伸（单边交叉腿,见图3-63）

1. 起始姿势

坐在垫子上,一条腿伸直,弯曲另一条腿并从伸直腿上方交叉跨过。双手扶住这立起的膝盖,保持上身与地面垂直。

2. 动作要点

向对侧牵拉弯曲的膝盖,同时保持支撑脚固定在原位置。这时能感受到大腿外侧和臀肌的张力,表示拉伸正在进行。保持支撑脚固定在一点,否则将得不到有效的拉伸。

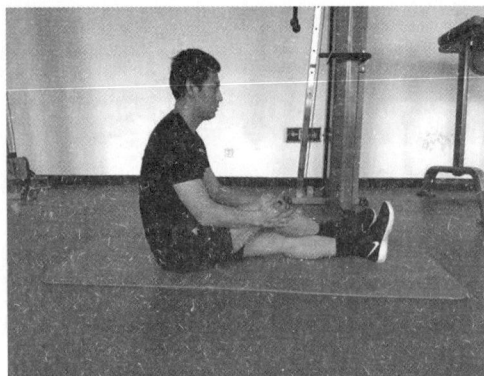

图 3-63 单边交叉腿

小贴士

初级每次 20 s,重复 2 次;中级每次 25 s,重复 3 次;高级每次 35 s,重复 4 次。

（十）股四头肌拉伸（站立后扶脚,见图 3-64）

图 3-64 站立后扶脚

1. 起始姿势

站在一个可以用来帮助自己保持平衡的物体附近,将一只脚向后抬起贴近臀部,使膝关节弯曲,用同侧的手握住脚踝,保持背部与地面垂直。

2. 动作要点

将脚踝向上拉,这样膝关节就能达到最大弯曲角度,脚跟更加贴近臀部。可通过稍微将被拉伸侧的大腿参照上身直线后移来增大拉伸的幅度。用空闲的手扶住支撑点,以免在练习时失去平衡。

（十一）股二头肌(仰卧抬腿,见图3-65)

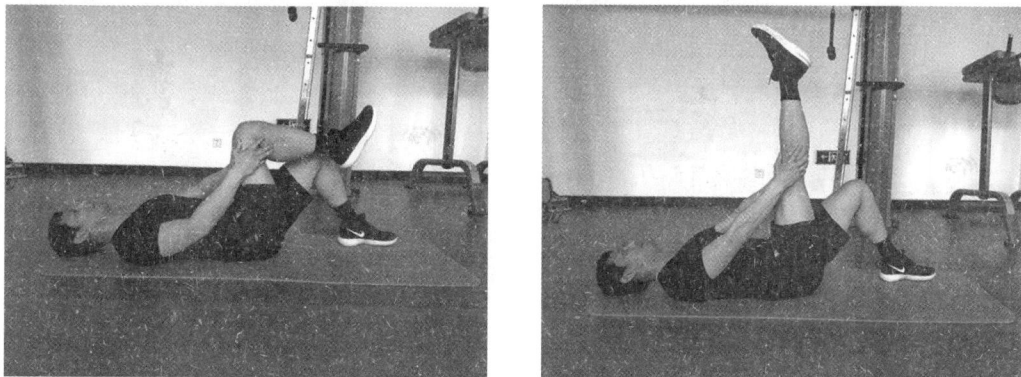

图 3-65　仰卧抬腿

1. 起始姿势

背靠垫子躺下,膝关节弯曲90°。朝胸部抬起一条腿,并用双手扶住。保持头部接触地面,避免颈椎发生张力。

2. 动作要点

将抬起腿的膝关节伸直并用双手将其往胸前牵拉,大腿背部及膝关节的张力将是拉伸到位的最好提示,不要超出疼痛的阈值。记住,适度的不适感是正确拉伸所需要的,但胫骨肌可能因突然急拉所产生的过度张力而受伤。

（十二）腓肠肌(墙壁支撑背屈,见图3-66)

1. 起始姿势

站在距墙壁一定距离处,保证向前伸出手臂时可用指尖触及墙面。双膝伸直,双脚分开,一只脚在前,另一只脚在后。

2. 动作要点

不要将脚移离它们的固定位置,将上身贴近墙面,这时需要弯曲前腿的膝关节及手肘。当靠近墙壁时,将感受到后腿小腿处的张力。保持该姿势几秒再返回起始点,换另一条腿进行拉伸。应避免弯曲后腿的膝关节或提起脚跟,否则拉伸就将失去效力。

图 3 - 66　墙壁支撑背屈

小贴士

初级每次 25 s, 重复 2 次; 中级每次 35 s, 重复 3 次; 高级每次 40 s, 重复 4 次。

第三部分　有氧运动

一、有氧运动器械练习技术

为了提高心肺耐力,可以在室内进行多种有氧运动器械练习。这些有氧运动器械包括跑步机、椭圆运动机、固定自行车等。

（一）跑步机练习技术

跑步机是一种最基本的可以在原地进行步行和跑步练习的室内有氧运动器械。跑步机的跑带部分具有较好的缓冲功能,能将运动时产生的冲击力降低。在练习时,跑步机的跑带速度和坡度是可以调节的。另外,跑步机上还有把手,可以用来维持平衡。

1. 跑步机步行练习的入门方法

在启动跑步机前,两脚分别站在跑带以外的两侧部位,双手握住把手。当跑步机启动后,先踏上一只脚,然后再踏上另一只脚,开始迈步走动。如果无法保持平衡,双手仍要握住把手,但也不要握得过紧,同时向前迈出的脚要用力向后"扒"跑带。当能够维持平衡后,应将双手脱离把手,摆动双臂以保持平衡。

2. 跑步机步行技术

步行时,应保持正确的身体姿势,以提高锻炼效果,减小脊柱和腰背部肌肉的负荷。运动者的头、躯干要保持自然、正直的姿态,挺胸、收腹,双眼平视,肩部放松,从侧面看,耳朵、肩部和髋部要保持在同条垂直于地面的直线上。

要保持髋部放松,脚跟外侧先着地,然后迅速过渡到脚跟内侧,再过渡到脚掌,最后脚掌离地。脚掌不要过度内翻或外翻,不正确的姿势可能会造成下肢关节伤损。

摆臂动作与腿部动作要协调配合,摆臂的速度要与步频相同。当左脚前迈时,右臂前摆;当右脚前迈时,左臂前摆。摆臂时,肩部要放松,手掌自然半握拳。快速行走时,屈肘约90°,这样可使摆臂的动作更快。手臂向前并向内侧摆动时,手可以接近胸部高度,但不要超过身体的正中面;手臂向后摆动时,手可以接近臀部高度。

为了提高步行速度,可加快步频、增大步幅,或者同时采用这两种方法,但没有必要刻意、过分地增大步幅。步行时若较为放松,反而会增大步幅。

3. 跑步机跑步技术

跑步时,头、躯干要保持自然、正直的姿态,挺胸、收腹,双眼平视,两肩保持放松。正确的跑步姿势可以提高锻炼效果,减小脊柱和腰背部肌肉的负荷。从侧面看,耳朵、肩部和臀部要保持在同一条垂直于地面的直线上。

对于跑步的运动者,由脚跟过渡到脚掌的着地方式是最安全的,可减少下肢关节受到的反作用力。脚跟外侧先着地,然后迅速过渡到脚跟内侧,再过渡到前脚掌,最后脚掌离地。脚跟和脚掌着地的动作要柔和,就像在地面上"滚动"一样。这样可以减少能量的消耗,降低损伤的可能性。脚着地时,下肢关节有震颤动作也是错误的,容易增大对下肢关节的冲击力。

摆臂时,肩都要放松,屈肘,手掌自然半握拳,摆臂动作一般是以关节为轴。手臂向前并向内侧摆动时,手可以接近胸部高度,但不要超过身体的正中面;手臂向后摆动时,手可以接近臀部高度。

要提高跑步的速度,可以增大步幅、加快步频或者同时采用这两种方法。步幅与腿长、柔韧性、力量、协调性,以及疲劳程度有关。在跑步时,脚应该在身体的正下方着地。如果步幅过大,运动者的重心会提高,使下肢关节受到的反作用力增大,并造成不必要的制动效果,这样不仅会降低速度,还会增加出现损伤的可能性。若步幅过大,只会起到适得其反的效果;相反,若步幅过小,会无谓地浪费能量,减慢速度。因此,运动者要按照适合自己的步长和步频进行练习,这样才能提高运动水平,达到最佳的锻炼效果。

(二)椭圆运动机练习技术

椭圆运动机是一种将步行、跑步和蹬台阶练习结合到一起的室内有氧运动器械。椭圆运动机练习能够代替走步、跑步和蹬台阶练习,并且对人体下肢各关节的冲击力较小,是一项非常安全、有效的练习,椭圆运动机现在变得越来越受欢迎。

运动时,运动者将双脚放在脚踏上,脚尖自然朝向前方,膝关节要对准脚尖。双手轻轻握住把手,能够保持平衡即可。能够保持平衡者,可以将双手完全放开,屈肘关节约90°,自然放松摆动。如过分依赖器械把手,会使运动强度降低。头和躯干要自然地保持正直姿势,双眼平视、挺胸、收腹,肩部要保持放松。在屈膝时,膝关节不要超过脚尖,以免对膝关节的压力过大,防止出现损伤。

(三)固定自行车练习技术

固定自行车分为两种,一种是直立式的,一种是靠背式(或叫斜卧式)的。固定自行车练习对下肢关节的冲击力较小,尤其适合于体重较大、下肢有伤或不能走路的运动者。

运动时,当一侧脚踏位于最低位置时,同侧腿的膝关节应略微弯曲,这样就不会出现因膝关节完全伸直而产生锁膝的现象。当脚踏位于最高点时,同侧大腿应该保持在髋部高度,约与地面平行。如果座椅位置过低,当脚踏位于最高点时,膝关节会高于髋部。这时,做向下蹬踏动作时,膝关节的压力会过大,容易造成损伤。另外,由于下肢运动过分靠近躯干,身体还会有紧张不适的感觉。相反,如果座椅位置过高,两脚就会随着脚踏过分向下运动,臀部也会随之左右摆动,容易造成脊柱和下肢带关节压力增大。通常情况下,握住器械把手后,上体要保持自然正直的姿态,也可以略微前倾,但不能弯腰弓背。

靠背式固定自行车的坐椅较为舒适,躯干有靠背支撑,特别适合老年人、体弱者、体重较大者、腰背部有伤病者、心脏病恢复者,以及孕妇进行练习。

二、其他有氧运动练习技术

(一)室外步行和跑步

室外步行具有合理的生物力学机制,是最为简便、经济和安全的运动方式。

室外跑步也是最常用的提高心肺耐力水平的练习,同步行一样,它也具经济、简便易行的特点,跑步同步行相比,消耗的能量较大,对心肺耐力水平要求也较高,但跑步对下肢各关节的冲击力较大。当单脚着地时,下肢关节受到的作用力相当于人体自身重量的24倍,这对人体结构的危害性是较大的,可能会给人体造成一定的损伤。如果运动者的腰背部、髋关节、膝关节、踝关节或脚部有伤,可以选择步行、骑自行车、游泳、水上练习等其他对下肢关节冲击力较小的练习。

室外跑步最好在较软的、平整的路面上进行,而不要在较硬的路面(如柏油路、水泥路等)上进行,避免给下肢关节造成损伤。同时还要注意,不要在人多、车多的地方练习,避免出现意外。

另外,室外步行和跑步练习都不要在空气质量较差的地方以及天气不好(大风、下雨、下雪、雾霾)的情况下进行,以免对健康不利或出现意外。

室外步行和跑步技术基本上与跑步机步行和跑步练习技术相同。

(二)跳绳练习

跳绳练习也属于非常简便、经济的锻炼方式,可在室外练习,也可以在室内进行练习。为了减小对下肢关节的冲击,在室外跳绳时,不要在较硬的地面上进行练习,最好在室内在地板上进行练习。

跳绳练习时,头和躯干应保持自然、正直姿势,双眼平视,挺胸、收腹。双脚落地时,要用脚掌着地,动作要富于弹性,注意缓冲。肩部、手臂应该放松,上下肢动作协调配合。

(三)踏板练习

我们应明确踏板练习不适合膝关节有伤的运动者。进行练习时,踏板应稳固地放在地上,避免晃动。踏板的高度要因人而异,一般为 10 ~ 30 cm,初学者不超过20 cm;双脚与踏板的距离要因人而异,一般约为30 cm。头和躯干应保持自然、正直姿势挺胸、收腹。上踏板时,应将脚踏在踏板的中央,避免踩在踏板边缘。下板时,由脚掌前着地过渡到全脚掌,缓冲落地,避免造成踝、膝、腰损伤。可跳上踏板,但不可跳下踏板。在做复杂动作时,不要负重,以确保安全。

第四篇　健身运动损伤的预防与康复

第一部分　健身运动损伤的基本知识

一、什么是运动损伤

健身运动损伤是指在健身运动过程中发生的各种损伤,它与一般的日常生活学习中的损伤不同,它的发生与健身运动的运动形式和动作技术有关。

运动损伤尤其是慢性损伤,几乎在所有的健身运动中都有可能发生。生活中最常见的是准备活动不充分或没做准备活动,有相当多的健身运动者在活动时根本没有做准备活动的意识,错误地认为做准备活动是浪费体力,他们往往急于参加运动,导致神经系统和肌肉、肌腱、韧带的功能没有被充分动员起来,肌肉伸展能力欠佳,关节不够灵活,动作不协调,就很容易导致运动损伤的发生。一般来说,运动损伤的产生是运动者的身体条件、心理素质、运动方法及环境因素等内外因素综合影响的结果。

二、运动损伤的种类及发生规律

根据损伤的组织不同,我们将运动损伤分为软组织损伤(如软骨损伤、肌肉损伤、肌腱损伤及韧带损伤)和骨骼损伤。考虑软组织损伤在普通大学生中的高发病率,本部分主要介绍软组织损伤。

(一)软骨损伤

1. 人体软骨的作用

在骨与骨接触面之间覆盖有软骨组织,软骨组织可以避免骨与骨之间的摩擦,具有延长骨的使用寿命、减少摩擦、吸收冲击力、分泌滑液、避免骨损伤的作用。

2. 运动与关节软骨的联系

关节软骨像身体其他器官一样,也能吸收营养和排泄废物,但它的代谢主要通过关节负重和休息完成,休息时软骨能吸收营养和水分,负重时则将水分和废物压出软骨。因此运动能促进软骨内和周围的血液循环,经常活动对于保持关节的健康是必不可少的。

3. 引起关节软骨损伤的常见原因

(1)过度活动:长期进行爬楼、爬山运动,会引起膝关节的骨性关节炎发作。

(2)制动:如骨折后石膏长时间固定,也会损害软骨的动态平衡和功能。

(二)肌肉损伤

1. 人体肌肉的收缩形式

肌肉的收缩的形式分为动性收缩与静性收缩两类,动性收缩时关节会因肌肉收缩而活动(动性收缩可再分为向心收缩和离心收缩);静性收缩时,肌肉虽然收缩,但关节不会因肌肉收缩而活动。

(1)向心收缩:当肌肉收缩时,肌肉长度不断变短。前臂屈曲时(如举起哑铃的动作),肱二头肌收缩,肱三头肌放松。

(2)离心收缩:当肌肉收缩时,在其长度不断被拉长。前臂伸直时,肱三头肌收缩,肱二头肌放松。

2. 颈肩肌肉酸痛的原因

长时间伏案学习和工作的人,固定一个静止姿势,使颈肩部肌肉长时间静性收缩,会阻碍肌肉血液循环,无法消除由新陈代谢产生的废物(如乳酸),大大增加了肌肉局部疲劳的机会,长时间伏案静止很容易引起颈肩部疼痛。可以通过休息、转换姿势、收缩放松的方式进行有规律的活动,从而改善以上情况。

3. 引起人体肌肉损伤的运动方式

肌肉占人体体重的40%~50%,它主要的功能是生成力量。通常有两种方式会造成肌肉损伤:①肌肉被拉伤;②因直接撞击引起的肌肉挫伤。肌肉损伤愈合后瘢痕组织替代肌肉组织,使其失去收缩性,易再次发生损害。

小贴士

跳跃动作时你会保护自己吗?

我们比较了三种运动方式:下蹲向前跳(膝关节屈曲90°向前跳跃)、向后跳跃、从高处向下跳跃。发现向下跳跃能生产较大的力,极大增加肌肉急性损伤的危险。因此我们做跳跃运动时要适当屈膝,而不是直腿跳下,以减小地面冲击力,减少肌肉损伤。

4. 最常见的肌肉损伤部位

肌肉损伤最常见于大腿后肌群(腘绳肌)损伤。损伤后一般合并血肿,急性处理时要压迫止血,并冷敷以减少血流。运动时肌肉出现酸痛是正常反应,但一般不超过48 h。如2~3 d后仍有酸痛,说明肌肉受到损害,这时我们可能要减少运动力量及运动时间,必要时改变运动方式。

(三)肌腱损伤

1. 肌腱是运动的"桥梁"

肌腱又称筋。它韧性强、弹性低,是有条状结构的结缔组织。它是肌肉的一部分,一端连接肌肉,另一端连接骨骼。肌腱外有一层薄膜保护,被称为腱鞘,我们不停地重复动作,肌腱便会滑动,过度的滑动摩擦会引起肌腱炎。肌腱主要功能是将肌肉与软骨连接起来,将力从肌肉传导到骨,产生动作并维持关节的稳定性,故我们把肌腱称为运动时肌肉与骨之间的"桥梁"。

2. 最多见的肌腱损伤

肌腱损伤分为急性损伤和过度使用后慢性损伤两种,但以后者多见。

3. 引起肌腱损伤的常见原因

肌腱急性损伤常见以下两种原因:①由于肌腱位表浅,容易引起切割伤和刺伤;②如果运动强度超过肌腱的耐受程度,也会引起肌腱的急性断裂,如田径运动中刘翔冲刺起跑时跟腱断裂就是个典型的例子。因过度使用引起的慢性肌腱损伤,如跟腱炎,就是由于不停地重复动作,肌腱反复滑动,过度的滑动摩擦引起的。在运动前做肌腱牵拉,提高肌腱弹性变化范围,就能减少肌腱的急、慢性损伤。

(四)韧带损伤

1. 韧带在关节活动中的作用

(1)韧带是由胶原组织组成的,它的功能是将骨与骨连接起来,将关节被动地稳定住。如伸膝时前交叉韧带可以防止膝关节过度伸直。

（2）韧带内有大量的运动神经末梢,可将关节位置、运动和疼痛等信息传到大脑,大脑将信息整合后,再将反馈信息传到关节周围的肌肉,指挥关节正确活动（这种感觉又叫本体感觉）。

2. 健身活动对韧带的好处

我们每天正常活动能维持80%～90%的韧带功能,通过健身牵拉活动可使韧带强度增加10%～20%。韧带损伤的急性损伤多见,如脚踝扭伤致外侧韧带损伤,韧带损伤固定几周后,其弹性会下降到损伤前一半。

3. 韧带损伤恢复过程的特点

韧带损伤恢复过程缓慢。如肌肉损伤,肌肉力量数周就能得到恢复,但韧带、肌腱和软骨则需数月时间来适应。所以韧带损伤恢复需要较长的时间,且长时间恢复后的后肌腱与骨接合处仍是薄弱状态,易再次发生损伤。

4. 韧带损伤后为什么会出现关节不稳

人体感觉功能减退将导致关节稳定性下降、关节运动失去控制及步态异常。人体感觉的缺陷常影响关节运动水平的恢复,通过人体感觉功能的强化训练可以改善和恢复该项功能。

（五）运动损伤发生的规律

运动损伤发生的部位与运动项目、运动专项技术特点有密切关系。如足球运动员常见的损伤部位是足踝,因为他们的专项技术特点就是常用足踝进行运动,并且对抗性很强。运动损伤在身体各部位的发生概率,其中下肢的运动损伤最多,占63.3%,其次是躯干（18.1%）和上肢（17.4%）,最少的是头部（1.2%）。在下肢损伤中,最多的是足踝,占所有损伤的25.64%。臀、大腿的损伤率仅次于足踝,占所有损伤的15.44%左右。

人体各部位运动损伤易伤及一些组织或器官。肌肉损伤位居第一位（51.12%）,关节损伤位居第二位（34.57%）,骨性损伤排在第三位（10.88%）。在肌肉损伤中,肌腹拉伤占第一位（27.79%）,主要发生在腰骶、臀、大腿等肌肉较多的部位;肌腱损伤占第二位（7.55%）,主要发生在小腿、肩部等部位;肌腱骨膜附着处损伤占第三位（6.81%）,主要发生在膝、臀等部位;腱鞘损伤占第四位（5%）,主要发生在足踝、手腕等部位。在关节损伤中,关节囊韧带损伤最多（25.25%）,主要发生在足踝关节、手腕关节、膝关节等部位,其他性质损伤较为少见。在骨性损伤中,骨膜损伤较多（5.39%）,主要发生在足踝、腰骶等部位;骨折次之（2.94%）,主要发生在手腕、足踝、肘关节等部位。

三、运动损伤如何避免

1. 运动健身前要做的准备活动

（1）健身活动前应注意什么

在进行健身活动前,要依据自己的年龄、体力、身体状况及个人兴趣,一是选择适合自己从事的运动项目;二是要了解所要从事体育运动健身项目的特点和要求,谨防意外的发生;三是运动前做好准备活动。才能在体育运动健身活动中,得到健康和快乐。

（2）为什么健身活动前要做准备活动

运动前准备活动的好处是可以防伤防病,如同汽车放置半年或在寒冷冬天重新启用时都要预热是一个道理。人们在静止僵硬不动的情况下,突然进入剧烈、急速的运动状态,就会使人体各组织器官、肌肉韧带、关节间软骨不能协调配合,就可能发生损伤。而准备运动可以提高肌肉收缩的速度、力量,提高肌肉的协调性;同样也可以预先伸展肌肉、肌腱和韧带,从而预防这些结构的损伤。所以适当适量的准备活动,是体育健身必不可少的。

(3)健身活动前要做哪些准备活动

做准备活动的目的是为了给身体预热,热身运动是以使体温增加的活动(如走或慢跑等)。热身运动使身体的各个器官、关节、肌肉适应运动状态,肌肉得到松弛,在运动中它们也更容易被驾驭和扩展,将减少健身运动中受伤的机会。准备活动的运动量是因人而异的,一般0.5 h左右就可以了。那么以什么为度呢? 它的度就是微微出汗。

准备活动主要有以下几项内容:

①热身慢跑:通过跑步5~10 min完成,至微微出汗。

②专项练习:专项练习要慢慢增加运动范围,千万不要一上场就采用大幅度的运动进行锻炼。如球类项目要进行专门的脚步练习和肩部活动;拳击、摔跤、柔道、跆拳道等技术击打和技巧类项目要进行摔打和耐击打等练习;冰雪项目活动一般因为是在室外,要多穿衣服,且跌倒时要顺势倒地,尽可能滑行,不要挣扎,避免侧滚或者是滚翻动作。

③准备护具:运动中使用护具已被充分证明是预防损伤最好的措施,在运动中佩戴防护眼镜、头盔、护腰,以及腿垫和臂垫等护具,能很好地减少运动损伤的发生。

(4)准备活动后还需要做什么

准备活动后我们还要做必要的伸展活动:当锻炼一处肌肉的时候,它会变得紧绷而缩短,伸展运动就是帮助你放松肌肉,从而防止第二天肌肉酸痛。做这个动作的最好时间是在完成热身运动后,牵拉各个关节韧带(肩、肘、腕、颈、腰、髋、膝、踝等关节),达到所做运动所需的角度即可,伸展活动将有助于肌肉松弛。

2. 运动中的注意事项

(1)要精力集中:在运动中,一定要精力集中,对场地上的汗水、废弃物,如纸屑等遗落的地方都要注意,因为这些都是产生意外滑倒的地方,容易造成损伤。

(2)注意场地状况:对场地上什么地方有坑,什么地方有凸起,以及场地周围的障碍等,做到心中有数,以防止踝关节及膝关节扭伤。

(3)注意天气变化:要随时了解场地的天气情况,以适应晴天或者阴雨天(不同湿度和不同温度)对场地的影响,在服装、鞋袜、装备上都要适应天气变化。

(4)注意运动过程中的失误摔倒:由于速度、高度、对抗等因素,失误在所难免,要有心理上、行动上的准备。在高速运动时摔倒或是在冰雪场地摔倒就要顺势倒地,切勿挣扎,使向下的力得到水平分解,从而摔得就会轻些;而球类项目就要用翻滚来分解向下的摔力,越挣扎摔得越狠,后果可能更严重。

(5)运动不宜过度:运动过度会造成肌肉和关节受伤,适量且经常性的运动才最有益。若感到疲倦、身体不适或疼痛时,如发热、极度气喘、作呕、头晕等,应暂时休息,不要勉强运动,否则可能会发生意外,必要时应及早求诊。

(6)要特别注意运动健身的最后阶段:这是最容易受伤的时间。因为这个时候精神、肌肉已经疲劳,最容易分散注意力,受伤多是在此时。因此要提醒自己,在运动结束前必须要精神集中,避免受伤。

3. 运动后期的整理运动

(1)运动后需要"冷却"活动

如同健身之前身体需要时间"预热"一样,身体在锻炼后,也需要时间恢复平静,让心率重归正常。运动健身后,身体会产生疲劳。"冷却"活动是种积极的休息方式,可以使精神、肌肉、内脏比较一致地恢复平静,提高恢复体力的效率。

①剧烈运动后进行"冷却"活动,可使心血管系统、呼吸系统功能仍保持在较高水平,有利于偿还运动时所欠的氧"债"。

②"冷却"活动能够使肌肉放松,促进乳酸快速分解和排泄,可避免由于局部循环障碍而影响代谢过程。

（2）如何进行运动后的"冷却"活动

运动后慢跑(5~10 min)、呼吸体操及各肌群的伸展练习都是运动后较好的"冷却"活动。

运动后慢跑(5~10 min)、呼吸体操及各肌群的伸展练习可以消除肌肉痉挛,减轻肌肉酸痛和僵硬程度,消除局部疲劳。这样,就可以使机体(特别是心脏和运动系统)在高速运动状态后缓缓地恢复到低速运动状态,最后回到静止状态。运动后慢跑对预防运动损伤有良好作用。

此外,运动后还可以做以下四方面的内容:

①手法按摩:用推、揉、捏、按、压、拍击、抖动等手法按摩。

②温水浴:及时脱掉汗湿的衣物,及时洗澡,然后更换干爽的衣服。温水浴的水温以40 ℃为宜,每次10~15 min,最长不超过20 min。使身体逐渐恢复静止状态。

③补充营养:运动后应及时补充糖、蛋白质、维生素和盐,脂肪类食物不宜多吃。夏季或出汗多时,应及时补充盐分和水。应选择富有营养并易于消化的食物,运动中体内代谢产物多为酸性物质,故应尽量多吃些新鲜蔬菜、水果等碱性食物。

④睡眠:睡眠是消除疲劳、恢复体力的好方式。成年人在平时训练期间,每天应有8 h的睡眠。在大运动量和比赛期间,睡眠时间应适当延长。青少年的睡眠时间应比成年人长,必须保证每天10 h的睡眠。

四、运动损伤的康复

（一）在实施运动损伤康复前应掌握的知识

运动损伤康复的目标是帮助患者恢复到受伤前的身体状态。一旦受伤部位的渗出肿胀明显消除(伤24~72 h后),就要开始对身体受伤部位进行康复。

1. 什么是肌肉损伤

肌肉损伤是指肌肉在运动中因直接暴力打击或过大应力撕拉致伤,前者致肌肉挫伤,后者致肌肉拉伤,出现肌肉断裂、肌肉内血肿。肌肉损伤后,受伤部位剧痛,用手可摸到肌肉因紧张形成的索条状硬块,触痛明显,局部肿胀或皮下出血,活动明显受到限制。

2. 肌肉损伤处理办法

肌肉损伤后:

（1）要立即进行冷处理——用冷水冲局部或用毛巾包裹冰块冷敷,然后用绷带适当用力包裹损伤部位,防止肿胀。在压迫损伤部位肌肉并抬高伤肢的同时,可服用一些止痛、止血类药物。24~48 h后拆除包扎。

（2）根据伤情,恢复期可外贴活血和消除肿胀膏药,酌情做按摩、热疗或其他"理疗"。

（3）疼痛症状消退时开始进行肌肉练习:可先做无肢体运动的肌肉用劲收缩训练(即等长收缩练习),继而做有肢体运动,肌肉紧张程度保持不变的肌肉收缩训练(即等张练习),

在无痛范围内逐步加大运动力量。

（4）还要特别注意逐步牵伸受伤肌肉,防止其缩短,充分恢复肢体的柔韧性,以腘绳肌部分断裂为例:取坐位,健腿屈膝,先伸直伤膝,然后向前弯腰逐渐拉长损伤的肌肉。再行该损伤肌肉坐位下的对抗练习,一般1月后可进行正规训练。断裂范围较大时宜在肌肉伸长位作早期固定,以防挛缩。肌肉拉伤严重者,如将肌腹或肌腱拉断者,应抓紧时间去医院做手术缝合。

3. 肌腱、韧带急性损伤处理办法

肌腱、韧带急性损伤的部位会出现肿胀和瘀血,治疗办法与肌肉损伤相似:在损伤后应马上做到以下几点:

（1）休息:马上停止运动,不要让受伤的关节再负重。

（2）冷敷:冰块或者其他冷敷可以帮助运动者减少疼痛和肿胀,因为降低温度可以减少血液循环。每次冷敷15~20 min,每天3~4次。

（3）压迫:用绷带或其他办法压迫受伤位置可以减少出血、瘀血。绷带的松紧度要适中,能让你感觉到有压力但又不会使你肢体末端发麻或缺血即可。

（4）抬高患肢:抬高患肢的主要目的是减少肿胀,促进血液回流。

疼痛缓解后,即应开始对受伤肢体进行主、被动小范围运动。通过早期活动,可使随韧带损伤出现的关节积液尽快消除,同时有利减缓肌萎缩发生速度,以尽早地恢复到正常活动。

去除固定后,要认真进行受伤关节周围各组肌内训练,使其尽快恢复甚至超过正常水平,以重建关节的稳定性。恢复运动时,必要时使用粘膏支持带或支架保护关节和韧带。

（二）运动损伤常用的康复方法

1. 运动损伤急性期如何康复

（1）运动损伤急性期一定要"冷处理"

急性期紧急处理的目的是降低损伤部位的血流,最大限度地减少该部位的肿胀和疼痛。在此阶段,通常采用以下方法:

①保护和休息:一旦发生损伤,运动者必须停止使用受伤部位,避免负重活动。保护和休息的目的是避免进一步损伤并减少流入损伤部位的血液。在下肢出现有出血的软组织损伤后,患者在2天内的损伤区域都不该负重,在此期间,患者最好借助拐杖行走。

②冰疗:冷疗是指运用比人体温度低的物理分子（如冷水、冰、蒸发冷冻剂等）刺激受伤部位进行治疗的一种物理疗法。冷疗法主要是通过降低组织温度,使周围血管收缩,减少局部血流量及伤部充血现象,减轻周围神经传导速度。因此,有止血、退热、镇痛和防肿的作用。

冷疗可将毛巾用冷水浸透敷在伤部,约2 min换一次,或将冰块装入袋内进行外敷,每次20 min左右。冰袋以碎冰为宜,尽量与损伤部位吻合。根据出血情况决定加压冷敷的时间,一般5~8 min。取下冰袋后,仍需局部加压。损伤部位严重出血,可以休息2~4 min后再次加压冷敷。也可直接用自来水冲淋或将伤部泡入冷水,或用冰块擦损伤部位,但时间应缩短。

　　冷敷时应注意:冰袋加压局敷(应在损伤皮肤的表面加数层纱布或软垫,然后放冰袋并加压),切记不可将冰块或冰袋直接放在皮肤上,因为这会引起冻伤(可在冰袋外面裹毛巾)。

　　冷敷时间大约20 min,然后去掉。待该部位皮肤升温15 min,再次加上冰袋。这一过程在伤后应该持续3 min以上。

　　如果继续出现疼痛和肿胀,应将患者转送到专科医院。

　　有条件者可用冷镇痛气雾剂喷涂伤部。如"好得快"(利多卡因氯己定气雾剂)。使用时应距离皮肤30～40 cm垂直喷射,时间为5～10 s。有时为了加强麻醉作用,可在停止喷射20 s后再喷射一次,但喷射次数不能过多,一般不超过3次,以免发生冻伤。喷射冷镇痛气雾剂后,伤部疼痛减轻或消失,温度下降并有麻感。面部损伤不宜用此法。

　　③压迫:邻近损伤部位的体液如果流入受伤区域,将延缓损伤组织的恢复。压迫能够减轻损伤部位四周的肿胀。

　　压迫方法举例:使用弹性绷带压迫或者用衣服缠绕受伤部位,缠绕应该牢固。压迫过程中,如果该部位皮肤发青,感到疼痛、麻木或痉挛(这是该部位缺血的表现),应立即取掉绷带压迫。

　　④抬高肢体:抬高受伤部位也是为了减轻肿胀,这主要适用肢体远端的损伤。要将损伤部位抬高到心脏水平以上,便于静脉回流。可以用枕头或物体来垫高受伤的部位(若将抬高肢体和加压包扎结合起来,减轻肿胀的效果更好)。

　　(2)及时止痛

　　运动损伤后许多人认为服用非甾体抗炎药副作用较大,大部分人都会选择忍耐,存有"过几天就会好的"的侥幸心理,直到疼痛剧烈无法忍受时才会选择去医院就诊服用相应的止痛药。其实任何疼痛都不能忍,轻中度的疼痛,绝对不能忽视,通过治疗可以排除或降低这种疼痛病变的危险。人在出现急性疼痛时,是最容易治愈的,经济负担也更小。有时正是由于一忍再忍,不及时用药,而耽误了最佳治疗时机,导致病情加重。

　　(3)受伤后冷敷还是热敷

　　受伤后恢复的快慢与当初处理是否妥当有很大关系。过去公认的做法是:受伤后先用冰,以减少伤处的肿胀,可是很快又要改用热敷或用热水来促进伤口的愈合。现代医学认为:除非有特殊情况,一般受伤(挫伤、扭伤、碰伤、韧带撕裂、肌肉和软组织损伤等)后,至少前48 h应当用冰袋而不是用加温的办法,这种做法在体育界已被广泛采用。

　　冰的作用不只是减少通往伤处的血液流动,还可以使受伤部位内出血和肿胀情况得到有效控制,恢复的过程也会加快。为什么受伤后前2天不能用热敷或泡热水呢?因为如果受伤处温度高,会使流到受伤处的血液增加,使伤处肿痛加剧;如伤处有小血管破裂,会增加出血量,使以后血肿吸收困难,延缓恢复过程。

　　2. 运动损伤恢复中的运动疗法

　　运动疗法是指利用器械、徒手或自身力量,通过主动或被动运动的方式来改善人体局部或整体的功能,提高身体素质的治疗方法,包括关节功能训练、肌力训练、平衡训练等。

（1）关节松动

关节软组织急性扭伤时，由于关节囊周围软组织的血液循环遭到破坏，易出现疼痛、肿胀、皮下瘀斑，及制动，使得关节活动受限。使用关节松动术对改善关节功能障碍，如僵硬、关节活动受限疗效较好，并能促进关节液流动，增强关节软骨盘营养。特别是对肩周炎、颈椎病、腰椎病、各种骨折术后关节活动受限及关节挛缩等有明显的疗效。但以下几种情况，是不能使用关节松动术的。关节活动已过度、外伤和疾病引起的关节肿胀渗出增加关节的炎症、恶性疾病，以及未愈合的骨折。因为关节松动术技术手段要求高，需在专业康复治疗师指导下进行。

（2）简单肌肉锻炼

在健身房里锻炼当然效果最好，但很多人因为工作、学习等原因没时间去，在家里使用简单的器械（或不用器械）做一些基本的身体素质训练也能有效果的。肌力训练时，必须每次训练到肌肉有酸胀疲劳感，但第二天训练时却不能有疲劳感。为了避免训练过度，完成每一项或每次训练后应充分休息 2～3 h，再进行下一次训练。这样既可确保训练完成的质量，使神经能够动员更多的肌纤维参与运动，达到更好的训练效果，同时避免注意力分散造成的危险。

小贴士

运动无处不在。

对那些经常久坐的学生，弓步蹲可增加大腿及臀部肌肉的力量，提高身体的平衡性和躯干的稳定性。身体保持直立，双脚分开与髋同宽；其中一条腿前跨一步（前跨腿的小腿与地面保持垂直状态），适当调整步幅以保持身体的平衡与稳定。刚开始时可扶着墙壁或椅子做，待身体的稳定性和平衡性有所提高后，两腿可交替前行，一般以20次一组为宜。

①斜方肌训练：可通过耸肩、力量上举、颈后推举、侧平举、划船动作来训练。

②胸肌训练：可通过所有角度的卧推、双杠臂屈伸、仰卧上拉、俯卧撑来训练。

③三角肌训练：用哑铃可以做前平举、侧平举、俯身飞鸟运动，没有哑铃就可以用椅子代替（在这个训练方法中，椅子是重要的工具），双手握住椅腿，向前平举，练习三角肌前束；双手各握住一个椅子做侧平举，练习三角肌中束；也可以用重物代替哑铃做俯身飞鸟运动，练习三角肌后束。

④肱二头肌训练：用哑铃可以做臂弯举，练习肱二头肌；腕弯举，练习前臂肌肉。如果没有哑铃，也可以用其他重物代替，比如用装满书的书包代替哑铃做臂弯举。前臂肌肉还可以利用椅子来练习。双手握住椅子的双腿，拳眼向上前臂发力使手腕上抬，再缓慢放下。还可以调整手握的部位来调整强度，效果也非常好。

⑤肱三头肌训练：在没有健身器械的情况下，俯卧撑就是针对这些部位的主要锻炼方法。做俯卧撑时，支撑的双手距离较大时，主要是靠胸肌发力，距离较小时，主要是靠肱三头肌发力。

⑥背阔肌训练：训练动作是各种方式的引体向上重锤下拉；划船动作；仰卧上拉。

⑦腹部肌肉训练：主要练习方法是仰卧起坐、仰卧举腿、仰卧两头起等。

⑧腿部肌肉训练：如果没有健身器械，就主要依靠一些克服自身重量的练习。例如单

腿深蹲、半蹲跳、单脚提踵、换脚跳等。

⑨腰肌训练:练习腰部肌肉,可以在家找一个重物,俯身下去双手抓住重物,再挺腰使身体成直立。还可以做俯卧两头起,俯卧姿势,上体和腿部同时上抬。

(3)发展人体耐力素质

运动损伤后,如果肌力恢复后仅能重复数次动作即感到无法坚持,则仍不能满足或适应日常生活需要,则应进行耐力训练。耐力是人体长时间进行肌肉活动的能力,也可以看作是对抗疲劳的能力。增强耐力的方法分为两类:肌耐力训练和全身耐力训练。

①肌耐力训练:主要是指用低至中等强度负荷,进行持续反复训练的同一运动。为达到训练目的,负荷的大小和持续时间的长短可以相互调节。肌耐力的具体训练方法与肌力训练基本相同,只是运动负荷较低,运动时间较长。

②全身耐力训练:为增强呼吸、心血管功能和改善新陈代谢的训练方法。主要是做中等强度的运动,例如步行、健身跑、游泳、自行车、划船、爬山等。一次运动时间通常为 30 ~ 60 min,而其中达到目标强度的时间应不短于 10 min。也可以应用器械来进行,例如功率车、活动平板等。

(4)关节稳定性训练

关节稳定性练习是防止关节损伤的有效手段之一。常采用一些不稳定的路面来健身和恢复本体感觉的能力。稳定性训练多利用一些简单的器材,如健身球、平衡板、半圆球等,以此来设计出各种难度的平衡训练方法。例如,训练者单腿直立,另一条腿略屈曲,双手交叉抱于胸前,双眼平视正前方,正常姿势运动者能睁眼保持 1 min 平衡,再闭眼保持平衡 15 s(见图 4 - 1)。

图 4 - 1 关节稳定性训练

第二部分　基本体育项目中的运动损伤

一、跑步运动损伤的发生与预防

20世纪70年代至80年代初,跑步作为一种健身和娱乐的方式,先后在北美、欧洲迅速普及。这种运动在世界范围内呈流行趋势的原因之一是因为它只需很低的投入。

(一)跑步运动的益处

参加慢跑有利于健康、可提高身体适应能力、放松身心、提高个人竞争力和成就感。普遍认为,跑步对心血管系统疾病有预防作用。跑步能改善心血管疾病的三个主要危险因素(即肥胖、高血压和吸烟):因为跑步者吸烟较少,体脂百分数较低,患高血压的可能性较小。

(二)膝部损伤是跑步运动中最常见的损伤

如果将跑步的危险与其他运动相比,从目前的情况可知,跑步的损伤比所有其他运动损伤发生概率都要低。研究表明:膝是最易出现损伤的部位,约占所有损伤的25%。一般说来,在所有跑步损伤中,70%~80%的损伤集中在膝部。

(三)跑步运动为什么要求大腿前、后肌肉力量都要进行训练

跑步强壮大腿前部肌肉的作用相对大于对大腿后部肌肉(腘绳肌)的作用,同时也会弱化股内收肌力量,因此而造成的肌力不平衡可促使各种过度使用损伤的出现,因此跑步运动要求大腿前、后肌肉力量都要进行训练。

(四)怎样预防跑步运动损伤

研究表明:以前的损伤、缺乏经验、赛跑、每周跑步距离过多、未做准备和伸展练习等与跑步损伤有关;身高、肌肉不平衡、活动范围受限、跑步频率、动作完成水平、跑步方式的稳定性和鞋内矫形器等因素与跑步损伤也有关系,应加强以上易损因素的预防。

一双好的跑鞋能够提供缓冲、支持和关节稳定性,在吸震、减震的方面有重要作用,因而运动时选一双好的运动鞋能减少损伤发生。

二、游泳运动损伤的发生与预防

水有浮力,人体在水中肌肉及关节的重力负担会大幅减轻,肌肉以及关节可得到放松。游泳不仅可在夏天消暑降热,还可作为运动康复项目,缓解腰酸腿痛、骨性关节炎等。与其他的竞技项目比较,游泳导致运动损伤的发生率相对较低,为1.9%~26.64%。

(一)游泳运动常见姿势

游泳有多种多样的姿势,其中蝶、仰、蛙、自由泳四种是常用姿势。蝶、仰、自由泳这三种主要是上肢用力,蛙泳是由下肢用力后转移到上、下肢均用力等。但是,出发和转身蹬边则需要腿部爆发力。四种泳姿,各有"强项",现针对不同的游泳姿势特点进行介绍。

1. 蛙泳最适合腰腿痛患者

蛙泳主要靠腰、腹及腿部发力,同时蛙泳换气时需要肩背部用力,从而使肩背部的肌肉得到锻炼,所以腰腿痛者适宜采取蛙泳姿势。由于蛙泳的腿部动作主要由向内夹水和向外蹬水两部分来完成,这样将加重膝关节韧带的负担及膝关节摩擦。另外,蛙泳是双腿连蹬

带夹如同画圆圈,这样"O"形腿患者长期进行蛙泳将加重双腿畸形。

2. 蝶泳动作大,不适合康复运动

蝶泳主要靠腰腹部及双上肢发力,通过双上臂向外、后、下方做鞭状打水及躯干波浪状运动姿势来完成主要动作,身体动作幅度比较大,不适合做康复运动。长时间的蝶泳也因腰椎的椎板长时间受力而容易引起压缩性骨折,所以,特别是腰腿痛或者腰椎间盘突出症的患者不宜进行蝶泳。

3. 仰泳适合颈椎病患者

仰泳主要依靠腰腹部发力保持躯干平衡、肩部反复旋转划水以及双腿做鞭状交替上下打水来完成主要动作。由于仰泳时颈部属于后仰姿势,颈椎小关节得到锻炼,所以颈椎病患者比较适宜进行仰泳运动。但是,仰泳对肩部动作及双腿打水的动作要求很高,因此,仰泳可能带来"游泳肩""游泳踝"等运动损伤疾病。

4. 自由泳无特别注意事项

自由泳依靠划水和打腿产生推进力,躯干也保持一定紧张度,在身体的转动过程中,能够有效地发挥躯干大肌肉群力量,减少阻力,因而自由泳有游速快、启动快的特点。

(二)游泳运动损伤的原因有哪些

1. 准备活动不足

在正式游泳训练前,忽视了全身关节的准备活动,因而在训练中动作僵硬,动作不协调会导致运动损伤。

2. 技术动作不规范

错误的划水、蹬夹水、打水或移臂动作,会违反机体形态结构特点,进而导致损伤。

3. 负荷过重

长时间采用单一的蹬腿或划水练习将导致的身体局部产生负担,以及有时动作过快、用力过猛等均可导致损伤。

4. 缺乏放松练习

训练后缺乏放松和牵引练习,往往造成肌肉疲劳、肌肉僵硬,因此会导致在训练时受伤。

(三)为什么游泳运动损伤常见于肩部和腰部

游泳的运动损伤与游泳技术密切相关。除蛙泳外,竞速游泳的推进力主要由上肢运动获得。运动员在水中需要通过反复快速的上肢划水及下肢打水动作提供动力,同时肩部又是人体最不稳定的关节,因此在大强度、重复过度使用情况下易发生损伤,游泳肩是常见的肩部损伤(游泳肩是冈上肌和肱二头肌与喙肩韧带反复摩擦撞击所引起的撞击综合征);腰部肌肉损伤是游泳者常见的运动损伤:在游泳过程中,腰部肌肉保持紧张状态,使身体尽量和水面水平,以减少阻力;蝶泳时以腰椎过伸、屈曲的反复动作作为推进力,腰部的爆发力更为重要,如游泳姿势不正确就会进一步加重腰部负荷,引起腰部肌肉损伤。因此,游泳运动损伤多发生于腰、肩、下肢关节周围的肌肉、肌腱、韧带和小关节上,其损伤的多发部位由高到低依次为腰、肩、膝、踝、颈、腕等,以慢性损伤为主。

(四)游泳运动出现"腿抽筋"是怎么回事

1. 需重视"腿抽筋"

游泳运动出现"腿抽筋",医学上称为足部肌肉痉挛现象。游泳者在进行蹬水动作时,始终要不断地收缩足部肌肉,而蹬池壁的动作使原本已处于紧张状态的肌肉更加收缩,这很容易使他们的足部产生肌肉痉挛的现象,这要比游泳运动中身体其他部位损伤更为普遍。当肌肉处于运动状态时会产生大量的二氧化碳和乳酸等废物,在正常情况下,二氧化碳是通过血管时运送排出体外的,而当肌肉处于长时间的收缩状态(游泳中称之为双足蹬水动作)时,其血管也随之收缩,也就是,这些废物不能及时地被运走,从而它们便长时间地存留在血管中,使肌肉得不到放松,这就很容易使运动者的足部产生痛感,出现"腿抽筋"现象。许多游泳爱好者发生溺水往往就是由"腿抽筋"引起的,要高度重视。

2. "腿抽筋"是危险信号

客观地讲,足部肌肉的痉挛并没有产生任何对身体其他部位的损害。另外,它还是身体其他部位是否受损的先兆。运动者在运动中频繁地发生足部肌肉痉挛的现象,这就说明足部或腿部有早期循环紊乱的症状。所以,游泳爱好者要经常了解和观察自己的身体,特别是像足部这样主要运动部位有无异常现象产生,以便及时就诊,进一步了解自己的身体状况。

3. 发生了"腿抽筋"怎么办

如果发生了肌肉痉挛,我们该如何处置呢? 如果症状较轻,运动者可以继续保持游泳状态;如果痛感很强烈,那么运动员要对足部做缓慢的、长时间的、稳定的伸展动作,直至痛感完全消失。足部肌肉的伸展练习最好是在池壁边进行双足跟着地,向上尽量抬高足尖,贴靠池壁的上沿。然后双足尖沿池壁做下推动作。最大限度地伸展足弓肌肉。每次伸展动作保持 20 s,直至足弓肌肉完全放松。另外,对已感到痉挛的肌肉群实施局部按摩,同样可以收到明显的治疗效果。不过,如肌肉正处在痉挛状态中,运动者最好不要马上进行按摩,因为那样做会更加刺激肌肉,使痉挛感倍增。

4. "腿抽筋"怎么预防

为预防"腿抽筋"的发生,运动者在入水前最好做些足部的伸展运动,并对双足实施按摩,这样的准备动作可帮助肌肉迅速地排出有害物质,减小肌肉痉挛发生率。预防足部肌肉痉挛最好的方法就是要经常地活动这部分肌肉。运动员可以反复地做一些蹬池练习,每次练习中要使足部充分地弯曲,这样可以不断地锻炼这部分肌肉,使血管不断地向这部分肌肉提供养料。一旦这部分肌肉得到了锻炼,痉挛感觉也会自然消失了。

(五)怎样预防游泳损伤

游泳运动者肩损伤的预防,见表 4-1。

表 4-1　游泳运动者肩损伤的预防

训练方式	逐渐增加距离
	逐渐增加强度
	将最需要体力的练习放在训练开始进行
	正确的准备和整理活动
	在打水练习后准备
力量练习	包括肩外旋肌群训练
	外旋肌群力量训练每周应多于 3 次
	包括肩胛骨周围肌肉的力量练习

表 4-1(续)

	要求无痛
伸展练习	可以独自练习或二人配对练习
	要求无痛
泳姿要领	保持正确的动作要领,特别在疲劳状态下
	正确的躯体滚动,经常变换游泳姿势

一旦发现损伤应停止或减量训练,可考虑改变泳式,及时治疗损伤,处理好治疗和训练关系,以免在同一部位多次损伤或劳损;合理科学的安排运动量和运动强度,采取手、腿交替各种泳式穿插进行训练,避免局部负担过重而引起肩、膝关节损伤;游泳前应加强易受损部位的准备活动。

三、健美操运动损伤的发生与预防

现代健美操运动起源于 20 世纪 80 年代初,健美操是集音乐、体操、舞蹈、迪斯科等为一体的深受人们喜爱的体育项目,把身体的"健"与"美"融为一体,以身体联系为主要内容,以艺术创造为手段,以健美为目标的体育活动,在有节奏的音乐伴奏下完成动作,健美操锻炼能增强体质,培养高雅的气质、风度和坚忍的意志品质,通过锻炼达到健身、健美、健心、娱乐和预防疾病等多种功能。健美操自我国开展以来,深受青年人喜爱。但随着健美操运动的普及,健美操运动中的运动损伤也越来越多。

(一)大众健美操的特点

按照健美操的训练目的和动作要求不同,可将健美操分为大众健美操和竞技健美操两种,大众健美操对动作的要求较低,运动强度和负荷量较小,以有氧代谢功能为主,是以健身为目的的运动形式;而竞技健美操对动作要求高,运动强度与负荷量大,以无氧代谢功能为主,是以参加比赛表演为目的的运动形式。虽然两者的训练目的和动作要求不同,但都需要柔韧、灵敏和力量等基本素质作保证。

(二)健美操运动是否次数越多越好

在进行健美操锻炼时,可根据自己的学习和生活情况安排时间。每周至少应锻炼 1~3 次,如需减脂,一周进行 5 次将会得到意想不到的效果。每天以下午 4 点至 8 点为最佳锻炼时间,因为此时体力比较旺盛,人体产生热量最高,处于最佳运动状态。锻炼次数并不是越多越好,应根据自身状况,灵活地增减运动次数。一般初期参加健美操的运动者,每次锻炼时间保持在 1 h 左右即可;锻炼一段时间(1~2 个月)后感觉身体状况良好,可增加至 1.5~2 h。

(三)健美操运动损伤的影响因素

1. 健美操运动专项特点

健美操运动的动作组合复杂,频率快、变化多、幅度大。在运动过程中身体各部位承受的压力、扭转力非常大,特别是腰部和下肢关节,长时间运动或局部负荷过重时,在快速多变的运动中常导致身体某些薄弱部位发生急性或慢性劳损性损伤。

2. 健美操发展的导向

虽然健美操运动从出现到普及时间不长,但其运动技术发展趋势是向更难、更快、更强、更美的方向发展。其技术动作要求高难度、快节奏也是造成运动损伤的原因之一。

3. 专项身体素质要求较高

健美操运动要求身体素质较全面,特别是力量、耐力、柔韧、速度及身体各部位肌肉的协调运动能力。初学者或专项身体素质较差者,常容易发生损伤。

4. 练习者本身的因素

(1)准备活动不足:健美操动作节奏快,变化多,幅度大,力度强,难度高,这就要求学生在训练前必须从生理、心理两方面做好充分的准备。若准备活动不充分,在神经系统及各器官的功能尚未达到适宜的水平就进行运动,很容易造成肌肉、韧带的拉伤,关节的扭伤。

(2)思想认识不足:在学习和训练中对运动损伤危害认识不足,警惕性不高,致使动作放松,也是造成损伤的原因之一。

(3)过度疲劳:连续的练习使机体运动功能减退,协调能力降低,注意力不集中;或者由于运动量安排不合理,超出身体承受能力而出现疲劳。这时持续训练,也容易造成损伤。

(4)急于求成心理:未正确掌握技术动作要领,或急于完成某些组合动作,心情急躁,不注意运动规律,不顾疲劳,很容易引起损伤。

(5)局部负荷过大:健身运动损伤多发生于腰部和下肢。该项运动对腰部及下肢关节的活动多,负荷重,局部负担较大,在疲劳情况下,由于肌肉弹性、伸展性、力量和协调性明显降低,关节灵活性下降,极易发生损伤。

(6)身体素质差:健美操运动训练要求练习者有较好的身体素质,如力量、耐力、柔韧、速度及身体各部位肌肉的协调发展。但大多参加健美操训练时间不长,身体素质或专项身体素质较差,当训练时间过长,或身体素质跟不上技术动作要求时,常出现错误和多余动作,并易导致运动损伤的发生。

(四)健美操运动损伤的特点

大众健美操运动中所发生的损伤以急性损伤多见,且多为闭合性损伤,损伤多发生在下肢,以膝关节、踝关节韧带的损伤为最常见,以膝关节的内、外侧韧带拉伤、半月板损伤和踝关节的外侧韧带损伤居多;都存在肌肉与韧带的拉伤,大腿后群肌肉与韧带的拉伤最常见,另外腰背肌、腹直肌、小腿三头肌的损伤也比较多;由于健美操运动中跳跃性动作较多,因此疲劳性骨膜炎在健美操运动中也是一种普遍存在的损伤,在跑跳过程中用力不当、落地不缓冲或者场地过硬都可能会引起疲劳性骨膜炎;骨骺损伤在健美操中也是常见的,关节扭动的动作比较多,稍有用力不当就会引起牵拉性骨骺炎。

(五)健美操运动常见损伤的预防

预防健美操损伤的途径:第一,加强自我监督和对运动创伤知识的了解,懂得运动损伤预防措施和治疗方法;第二,加强身体素质训练,特别是易伤部位的训练,合理安排运动负荷,遵循循序渐进原则;第三,及时改正不正确运动技术;第四,做好热身运动,使关节肌肉充分活动开;第五,身体功能状态不佳时应适当降低或调整运动量和练习强度。

(六)教练在预防健美操运动损伤中的作用

大众健身操损伤发生的原因主要有运动量过大、技术水平差、环境因素(包括气候、场地、器械等)、准备活动不充分、过度使用某块肌肉,其中许多原因都与教练的教学水平、理论水平有关,体现在教练动作素材的选择、套路的安排、健身理论和健身方法的传授、对学员素质和技术水平的了解、对环境因素的把握上有关。很多健身场馆都没有根据学员的条件进行分组,学员年龄、锻炼程度差别很大,使得新学员和年龄较大的学员过度疲劳或是技术动作错误而造成运动损伤。所以选择一个好的健美教练能降低运动损伤的发生概率。

四、瑜伽运动损伤的发生与预防

随着社会经济的发展,我们看到了人们从最初选择跑步、健美等纯体力型运动方式逐渐向瑜伽这样的修身养性的意识型运动逐渐转变。瑜伽作为东方古老的强身术之一,目前以新的大众健身方式在国内盛行。瑜伽在梵语中意义为"结合",意义是努力通过发展个体存在的潜在能力实现自我完美的一种方法论。近年来大热的瑜伽包含伸展、力量、耐力和强化心肺功能的练习,能促进身体健康,同时能培养心灵、和谐和稳定情绪,引导运动者改善自身的生理、感情、心理和精神状态,可缓解生活中的压力,使人形成健康生活方式。

(一)什么是瑜伽

在国内很多的瑜伽爱好者误以为瑜伽只是训练体位法、呼吸控制法、清洁净化法,而且易把瑜伽归类到舞蹈、体操体系,其实这些在印度是被列为瑜伽的外道,根本不是瑜伽,只是一种普通的健身运动,与我们日常那些健身运动没有什么区别。瑜伽是生理上的动态运动及心灵上的练习,最终目标就是能控制自己,通过把感官、身体与有意识的呼吸相配合来实现对身体的控制。这些技巧不但对肌肉和骨骼的锻炼有益,也能强化神经系统、内分泌腺体和主要器官的功能,通过激发人体潜在能量来促进身体健康。但是,在国内很多瑜伽馆和一些健身机构中,只把瑜伽当成一项健身运动,而不在意瑜伽的思想。

(二)瑜伽与一般运动的差异

一般人都误以为瑜伽体位法是一种健身操。其实瑜伽运动与一般健身运动是不同的。

(1)瑜伽是在求取身心平衡与和谐来感知自己与宇宙,因此每个动作都要集中意识来做;而运动则比较不注重意识层面,只注重外观的动作。瑜伽由于按照自己的步骤做,不与他人比较,且从放松入静着手,因此可减轻生活压力。

(2)瑜伽是先求身体的平衡安静,进而影响心灵寂静;但一般运动则以速度、分量、次数以胜负为其目的,并有求取最高记载的要求。

(3)做瑜伽可恢复体能,但运动却是花费体能的。因此疲劳时做瑜伽后,就可恢复活力,这是其他运动没有的特性。

(4)瑜伽也是一种生活态度。一般运动是在追求外在东西,而瑜伽追求内在的宁静与愉悦。

(5)瑜伽是一般运动的基础,亦可谓运动之母。其体位法无所不包,通常的正确姿势包括:立姿、跪姿、走姿,通常少有的扭转姿、倒立姿、莲花坐姿等,一应俱全。而最大特点是安舒姿,亦称为安乐姿,就是做过各种姿势后,全身放松躺卧,醒来时就觉得龙腾虎跃,活力充沛。做其他运动的人最好也来练瑜伽,必可提高其锻炼效果。

(6)瑜伽注重身体各部分的平衡,以各种动作活动全身,刺激已偏歪部位,并加以修正调整,回收复功能,使身体运动顺畅,疾病自然消除。但一般运动大都偏用某部位,不但促进偏至,甚至可损及健康。

(三)为什么说瑜伽是减法原理

瑜伽是要从发挥人本来的治愈力,使人恢复自然状态。一般的健康法用运动的或者医疗的方式来治疗,使弱的场合增强,变得坚硬、强壮。而瑜伽与此相同,瑜伽利用本来自身所齐全和拥有的条件来矫正失衡身心,祛除身心不自然,矫正失衡身心,发挥人体本来拥有的生命力。

（四）不善于运动的人可以练习瑜伽吗

瑜伽是个舒缓的、平稳的、简单的运动,对于不擅长运动的人来说也是很容易做到的。对于身心的平衡比例失衡,也会从根本上去改变从而恢复身心健康。练习时的动作幅度可根据个人能力不同按照自己所能接受的范围即可。

目前越来越多的人想通过练习瑜伽来使自己身心放松,提高身体功能,使身体舒适。实践证明,瑜伽达到了他们预想的效果。

（五）瑜伽病

肌肉韧带拉伤、软骨撕裂、关节炎症、神经痛等都是常见的瑜伽病。美国旧金山的一位脊椎神经科医生,在瑜伽盛行后得到一个"瑜伽医生"的外号,这位医生说,他每周治疗的病人中,有20~30个是因练习瑜伽不当所致。练习瑜伽时应该充分考虑自己的柔韧、平衡和力量素质,一定要遵循量力而行的运动原则,如急于求成,追求强度过人或难度过高,就可能会导致运动损伤。

（六）如何预防瑜伽病

1. 不要强迫做超出自己能力的运动

瑜伽的很多动作需要长时间才能做到位。比如双手在背部相拉这样一个常见的小动作,很多人右臂膀可正常完成,但左臂膀做起来就相当困难。如果一时急躁,强迫自己生硬地去完成这个动作,两只手虽然拉在一块了,但不是胳膊被扭伤就是运动后臂膀疼痛。运动要求循序渐进,不要急于求成,造成不必要的损伤。

2. 不要太在乎动作的完美

因为做瑜伽可以让形态和举止变得优美。所以每一个动作都要认真模仿,希望做得和教练一样好。但一堂课下来,你发现自己已被美丽折腾得筋疲力尽了,毫无快乐可言。要认识瑜伽不是"竞技"运动,"享受快乐,并尽力而为"是最好的状态。刻意追求完美很难真正体验到精神上的快乐。瑜伽的美感是通过长时间的修炼慢慢达到的,是一种由内到外的美丽,只要你在身体很协调、舒服的状态下完成了基本动作,就能达到和规范动作一样的效果。

3. 要尊重自我感受

练习瑜伽的过程应该是让自己感觉很轻松、舒服的过程。瑜伽很重要的一面就是要学会尊重自我感受,当感觉不舒服时,最好马上停下来调整。应多动脑筋,想想为什么会难受,脖子紧张有可能是双手没放平,胸口闷可能是呼吸没有和运动相协调,等等。总之,要尊重自己的感受,尽管动作不规范,但一定要让自己感到舒服。

4. 不要强迫动作到位

你以为疼痛是运动的必然反应,害怕动作不到位影响运动效果。所以在身体条件不具备的情况下,强迫自己做目前达不到的动作,结果弄得自己腰酸背痛,还不幸摔伤、扭伤。所以要改变自己的错误观念,疼痛并不是练习瑜伽的必然反应。很多动作,只要是在身体协调、放松的状态下完成,不管到不到位,一样可以达到运动的效果。根据自己的身体条件适当运动很重要,这样不但不会轻易受伤,还能更深刻地感受到身心舒展的乐趣。

五、武术运动损伤的发生与预防

武术的起源可以追溯至中国、日本和亚洲其他国家。最初,它只是一种自卫和攻击技术,后来逐渐发展成为一种运动,以修身养性为目的,其特征包括:踢、打、摔、拿和武器的使用技巧。武术运动动作复杂,要求高,具有对抗性和不可预见性,损伤的发生率也较高。

（一）武术运动常见的损伤

以肌肉韧带损伤、关节扭伤、软骨组织损伤最为常见。武术中常见损伤原因是使用过度,如各种桩法所致的髌骨劳损,腾空转体、旋转所造成的腰肌劳损。

（二）武术运动损伤的特点

（1）在武术运动中常有运用肩关节做较大幅度的运动,在运动时肩袖受到持续牵拉磨损,易造成慢性肩袖损伤。

（2）持器械运动较多的运动员,易引起肘关节内、外上髁的慢性炎症。腕关节软骨板损伤常见于腕关节活动频繁,幅度较大,并有负重或承重时。

（3）武术运动十分强调腰部在全身动作中的"主宰"作用。许多动作都是以腰部为主变换动作(如仰身涮腰抱抢、乌龙盘打等)。武术运动对腰的柔韧性要求高,运动员每天都要完成各种腰部的柔韧性和力量性练习(如俯腰、甩腰、涮腰和下腰等)。由于训练方法不当,腰部承受负担量大,疲劳堆积,易造成腰肌劳损,且腰肌劳损为最常见的腰部损伤,训练时间越长,越易发生劳损。腰部负荷过大,还易使腰部的棘间软组织相互挤压,棘突间相互撞击,引发棘间韧带损伤和棘突症。

（4）武术运动对全身的柔韧性要求较高,若柔韧性差,在运动中就会常发生肌肉、韧带损伤和关节扭伤。在做劈叉、正压腿、正踢腿等动作时,如果运动员柔韧性差,就会导致大腿后肌群、内收肌群、肱二头肌和髋关节韧带等的拉伤;运动员练习旋风脚、盘脚,起跳时膝关节处于屈曲内旋状态,容易损伤半月板;落地时要求双腿交叉,臀部着地,身体前俯,这种姿势也易造成梨状肌的拉伤,引发梨状肌综合征;武术运动的虚步、弓箭步、马步等动作,膝关节常处于半蹲位,由于运动量过大,膝关节负荷过重易发生髌骨劳损;在学习旋风脚时,由于高度不够上身后仰,就会导致落地不稳而造成关节扭伤。武术中有许多跳跃、跌扑、翻滚的技术,要求落地要稳,不允许各关节过分缓冲,因而导致局部负担过重,可引起半月板损伤和足脂肪垫压伤。

（5）散手是武术对抗较为激烈的运动之一。双方运动员运用拳打、脚踢和快摔的技术进行对抗,运动损伤的产生不可避免。散手运动员训练时以慢性损伤为主,比赛时则以急性损伤为主。头面部的损伤最常见,主要的损伤类型是擦伤。

（三）怎预防武术中出现的损伤

首先要进行准备训练,提高人体的灵敏性,尤其要发展耐力,因为武术活动中许多损伤发生在疲劳中,提高耐力能有效预防各种损伤的发生,发展耐力的常用方法包括长时间循环训练和越野跑步运动;其次要提高身体的柔韧性,通过柔韧性训练能提高学习各种技术的能力,防止损伤发生,这方面的训练包括身体各部位的牵拉,肌力训练及跳跃、翻腾等非平衡性训练。

六、球类运动损伤的发生与预防

（一）羽毛球运动损伤的发生与预防

羽毛球运动集竞技性、趣味性、健身性、娱乐性于一体,在我国很流行,深受广大体育爱好者的青睐。但如果运动不当,常会导致身体各部位出现损伤。

1. 羽毛球运动前的准备动作

运动前应先舒展四肢,主要针对工作的肌肉科学拉伸。活动躯体、转颈、旋肩、弯腰、弓背、压腿、扭胯、屈膝、绕踝,以及适当的慢跑都不可少,这样才能让周身的血液循环活跃起来,提升神经系统的兴奋性和灵活性,以满足运动时各个部位的血液供应,确保有氧运动占主导地位,提高运动中协调平衡的能力,可有效减少缺氧性、失衡性损伤。

(1)手握羽毛球拍前俯和后仰,拉开胸前、前腹、背部的肌群。

(2)左、右伸展拉开左、右腋侧和手部的肌群。

(3)左、右旋转拉开横、斜的肌群,如腹横肌。

(4)跨步压腿,交叉做,拉开腿部肌群。

(5)做摇腕等动作活动各个关节。

(6)以上动作均5~10次即可,依个人情况而定。

(7)做完以上动作后,拉高打远球10 min左右,视个人情况而定,尽量拉开全身肌群。

(8)注意以上动作只适宜打球动作比较规范的球友。

2. 羽毛球运动时负重部位最易受伤

羽毛球运动所要求的是反应的敏捷性、关节的柔软性和肌肉的爆发力。因在运动中,主要有腰、肩、膝、踝等部位负重,所以上述部位易出现创伤。腰部创伤主要为腰背肌筋膜炎,其次腰椎横突病变也较常见,主因在大力抽杀及方向改变(救球),腰部肌肉肌腱承受反复牵拉摩擦所致。膝部损伤多见于髌韧带损伤及髌骨过劳性损害,由于反复跳跃、冲跑所造成。足踝部常有突然制动、起跳,除急性韧带损伤外,跟腱劳损甚至足舟骨疲劳骨折也有发生。

3. 羽毛球运动损伤的预防

预防上述创伤除加强全面训练提高身体素质外,运动前后的准备活动和放松运动也很重要。运动前对膝周围肌群认真进行准备活动;运动后在髌韧带周围进行冰水按摩,都可以起到很好的预防作用。

小贴士

运动中防止"急刹车"。

剧烈运动中不要急刹车,比如长跑时,下肢肌肉收缩挤压血管使血液回流,将血液送回心脏,一旦运动突然停止,腿部肌肉放松,将失去挤压能力。又由于地心引力的作用,致使血液聚在双下肢,回心血量减少,可导致"重力性虚脱",表现为恶心、呕吐、面色苍白、出冷汗,严重时会晕倒,出现"重力性休克"。

另外,剧烈运动时,尤其是激烈单打比赛中,人体各器官均处于应激态,由于肾上腺分泌大量的肾上腺素,可以使人心率异常加快,血压急剧上升。若运动骤停,则机体对肾上腺素的消耗减少,致使血中肾上腺素含量剧增,可以引发心动过速甚至心室纤颤导致猝死,以上就是大多数剧烈运动后突然死亡的原因之一。因此,剧烈运动后不要"急刹车",应该缓慢减速再停。对羽毛球运动来说,打完比赛以后要来回走动,不要马上坐下来或站着不动,即使站着也要活动一下手脚,减少急性损伤和远期劳损。

(二)乒乓球运动损伤的发生与预防

乒乓球是我国的国球,此项运动在我国普及且有骄人成绩。因其占地小,器械易置备且老少皆宜,故在推广时非常容易。

1. 乒乓球运动的基本动作有哪些

乒乓球运动的基本动作包括击球动作、步法和全身协调动作。击球动作有扣杀、削球、提拉、推挡等;步法是髋、膝、踝关节柔软性的表现,髂腰肌、股四头肌、小腿三头肌的肌力是步法灵活的保证;全身动作主要是腰部动作,腹肌具有控制躯体左右摆动时的柔软性、力度、收缩速度,以及全身的平衡感觉的能力。

2. 乒乓球运动常见哪些损伤

乒乓球运动创伤相对来说较少,损伤相对集中,主要在腰、膝、肩等部位,踝足部次之。占首位的是腰部损伤,其次为膝关节损伤和肩关节损伤。腰部损伤包括腰肌劳损和筋膜性腰痛症、腰椎间盘突出、腰椎椎弓崩裂和滑脱等,这些负重在单侧下肢时躯体突然旋转造成半月板的挤压断裂及膝交叉韧带损伤。肩关节损伤主要是肱二头肌长头肌腱炎症、肩袖损伤等,这些都是由于大力扣杀、过度练习单一动作或动作技术不准确所造成的。

3. 怎样预防乒乓球运动损伤

合理安排训练、避免单打一的训练计划及提高身体素质训练对预防乒乓球运动创伤至关重要,运动前下肢关节和肌肉的准备活动对预防损伤也很有好处。

(三)篮球运动损伤的发生与预防

篮球运动自问世起,以其独特的娱乐性、可观赏性、竞争性、健身性得以广泛开展,传播迅速,经过了百年的风雨沧桑,篮球运动已经成为世界三大球类之一,为世界人民所喜爱,特别是在青少年当中更为普及。同时我们也必须认识到,篮球运动也是一项竞技性体育项目,在运动过程中难免会发生意想不到的伤害事故。

1. 篮球运动损伤的特点

(1)篮球运动绝大多数损伤是由于对抗性接触造成的。有资料显示,75%的篮球运动员损伤是由于其他运动员、地面、篮板、篮筐或篮球架的碰撞造成的,而另25%的损伤与此无关。

(2)篮球运动中损伤的发生与受伤时的动作密切相关。引起篮球运动急性损伤的常见动作有着地、突然停球、跳跃、单腿旋转、冲撞跌倒、跳起抢球落、地不稳、运动中急转、场地不平或打滑等。

(3)篮球运动中损伤的多发部位是膝、踝、腰等。常见的损伤是膝关节前交叉韧带损伤、髌骨软骨病、膝关节侧副韧带损伤、膝关节半月板损伤、踝关节扭伤及急性腰扭伤。

2. 为什么篮球运动最常见的是下肢损伤

篮球有8个基本运动方式:起步、跑、穿越、起步跳起投篮、跳起投篮后落地、停止,还包括原地跃起拦球、滑步等动作,这些动作都需要下肢的反复屈伸旋转活动,而这些篮球运动本身所具有的特征性的、重复性的、复杂的弹跳动作是导致下肢损伤发生的主要原因。

3. 怎样预防篮球运动中损伤的发生

为了预防篮球运动损伤,应注意以下几方面:

(1)健身活动要了解动作要领:篮球运动中的运动损伤多集中在踝、指、膝、腰、腕等部位,主要损伤原因依次是准备活动不充分、过度疲劳、技术动作错误、腾空落地缓冲不够、自我保护意识不强等。运动员应掌握正确的落地方向,教练在平时训练中就要讲清动作要领。当运动员在跳起下落时,要有意识地将左、右脚外展成30°~60°角,双脚同时着地。这样距骨最宽部分进入关节窝内,可限制踝关节活动范围,较稳定,不易极度内翻而受伤。同时要注意提高运动员身体平衡的自我感觉和自控能力,要防止粗野动作致伤。

(2)运动前充分做好准备活动:使膝关节运动灵活而协调,使体温上升,减小肌肉黏滞性,增加肌肉和韧带的伸展性,加大柔韧性。在训练前和赛前,按照循序渐进的原则将一般性准备活动和专门性准备活动很好地结合起来,在全面练习基础上,加强易伤部位和相对薄弱部位的练习。运动中戴好必要的护具。

(3)对易伤部位(腕、踝、膝等)要注意加强该部位肌肉力量的训练:如强化踝周和胫踝肌肉、韧带的力量训练,进行踝外旋、足外翻、屈伸的抗阻专门练习,改进转身技术动作,强化准备活动中的练习,加强负重静蹲练习,发展蹲起力量和改善跳跃技术动作。

(4)在篮球训练过程中,强调保持如一的精神集中:良好的情绪可增强运动活力使体能充沛,注意力集中,反应敏捷。

(四)网球运动损伤的发生与预防

网球运动是名副其实的美体运动,频繁的转腰动作,能帮助甩掉腰部的赘肉,卸下"游泳圈"。此外,网球也是种耐力运动,运动中流汗能促进代谢废物的排出,也能帮助运动者美肤,它既可以增强体质,提高抗病能力,又能培养运动者动作速度、耐力、灵敏等素质,是深受人们喜爱的运动。在李娜2006年国际奥运会获得网球比赛的冠军后,国内引起了国人学习网球运动的狂潮。目前网球爱好者日益增多,其中不乏中老年人。因此,应加强运动损伤的预防,掌握自我保护和预防方法,最大限度减少运动损伤,能够保障人们的身体健康,促进网球运动参与者更好地享受网球所能带来的极大乐趣。

1. 网球运动哪些部位易引起损伤

网球运动参与者如不注意运动损伤的预防和技术动作的规范性,也常会发生各种运动损伤。参与此项运动者约40%患有不同程度的运动损伤,创伤的好发部位依次为脊柱腰背部、膝部、肘腕、肩、足踝等部位。因网球运动员在场上始终保持腰前倾、膝关节半屈位状态,以便起动移位防守或进攻,所以腰部劳损性肌肉筋膜炎、膝部髌骨劳损多发,膝、踝的急性扭伤也常发生。网球运动中无论是挥拍击球还是被球击拍,被动受力都很大,故肩、肘、腕部的创伤在网球运动中很常见,如肩袖损伤、网球肘、创伤性滑膜炎等。

2. 怎样预防网球运动损伤

(1)运动前要做好充分的准备活动。

(2)掌握正确的网球技术:正确掌握网球运动的各项技术动作,是有效预防身体损伤的关键。要掌握正确的技术动作,初学网球者最好在教练的指导下循序渐进、由易到难逐步进行练习。一般应按正手击球、反手击球、发球、截击球的顺序进行练习和掌握基本技术,不要养成大力乱击球、狠发球等不良的习惯。

(3)增强自我保护意识:要求运动时的服装要求舒适、易洗;运动时的网球鞋必须适合脚的大小,柔软,并与地面的支撑面较合理。此外,运动过程中必须随时注意自我保护,如跳起击球落地时要屈膝缓冲,以防挫伤关节;手触地时一定不能直臂撑地,以防骨折或脱臼。

(4)努力提高身体素质水平:加强上肢肌力训练及膝关节稳定性的训练,进行速度训练、力量训练、耐力训练和柔韧性练习等,进一步提高身体素质,预防运动损伤的发生。

(五)排球运动损伤的发生与预防

排球运动起源于美国,比赛双方的攻防转换始终在激烈的对抗中进行。高水平比赛中,对抗的焦点在网上的扣拦。在一场比赛中,夺取一分往往需要经过多个回合的交锋。在排球运动中,受伤也是很容易发生的。

1. 排球运动损伤的特点

排球运动因其设施简单、场地较小,且适合不同性别和年龄的人参与而使其很快在全世界流行起来。我国参与此项运动的人也很多。排球运动是一项对时限要求极其苛刻的运动项目,它要求运动员在瞬间调整身体位置和频繁的爆发性用力,这就很容易造成身体相对部位的损伤,损伤的部位多发生在踝、肩、指、膝、腕、腰等部位。

2. 排球运动危险因素有哪些

排球运动容易致伤的危险因素包括:起跳、落地、扣球时手与球的接触、拦网时手与球的接触、场地的硬度、鞋的减震性能、与队友或对手的冲撞,以及身体训练的水平等。通常认为,排球不是一项接触性运动,但是与队友或对手的冲撞,尤其是在起跳拦网后落地时的冲撞是排球运动损伤的重要原因。起跳(扣球和拦网时)和落地是排球的一个重要特征,优秀运动员每场比赛均有 150 次最大强度的垂直起跳。排球运动既可在室内也可在室外进行。室内场地通常比较硬,与较软的场地相比,增加了损伤的概率。

3. 排球运动最常见的损伤部位

排球运动最常见的损伤部位是肩、膝和腰,另外,拦网时手指关节扭伤、骨折及脱位也不少见。肩以肱二头肌腱炎、肩袖损伤最多,其次肩胛上神经麻痹的发生率也高达 30% 左右,这些损伤大多因扣空球、扣球技术不正确或过劳引起。膝伤以救球时跪地髌骨受到撞击或过劳引起的髌骨损伤最常见。在膝急性创伤中,半月板撕裂及韧带伤较多。腰伤则多为因扣球时腰过伸引起的椎板疲劳性骨折、腰椎间盘突出、腰肌劳损等。

4. 怎样预防排球运动损伤

排球运动中有助跑、起跳、扣球、拦网等剧烈动作,要预防排球运动中的上述损伤,应注意如下几方面:

(1)应重视准备活动的重要性,做好针对性准备活动,要求准备活动要充分,特别是四肢各关节尤其重要。不做准备活动或准备活动不充分是造成损伤的重要原因之一。

(2)要加强身体素质训练,改正错误的技术(如扣球时肘关节低于肩关节使机体组织损伤),遵守训练原则。

(3)排球运动是具有激烈对抗的剧烈运动,要加强对主要部位、关节力量的训练,特别注意肩关节、腕关节、指关节、腰、膝关节、踝关节等部位肌力练习;加强易受伤部位和相对较弱部位的训练,提高它们的功能,是预防运动损伤的一种积极手段。如为了预防腰部损伤,应加强腰腹肌的训练,提高腰腹肌的力量。只有加强以上部位关节的力量,才能更有效地降低损伤的发生率。

(4)当然,正确使用护腰、护膝等也很重要;改善场地条件,运动前充分做好肩、腰、膝、指及腕关节的活动也不容忽视。

(5)加强身体防护和自我保护意识:加强预防观念,通过各种形式学习,了解运动损伤发生的可能性和危害性,充分认识预防运动损伤的重要性,思想上不能麻痹大意。如戴好护腕、护膝,穿合适的服装和鞋子参加运动。在紧急情况下,自我保护意识要强,采取安全、有效的处理方法,如救球后接前滚翻,扣球着地时前脚掌先着地后屈膝等,以增强缓冲作用。

(六)足球运动损伤的发生与预防

足球运动是世界体育运动中开展最广泛、影响最大的运动项目,号称"世界第一大球","世界第一运动"。它是用脚完成的技术动作,两队相互对抗,以攻入对方球门多少判定胜负的激烈而又富有魅力的球类运动项目,深受世界各国人民所喜爱。足球比赛以其特有的魅力吸引了成千上万的青少年、成年人纷纷加入这项运动中来。

1. 为什么足球运动损伤最常见

足球是一项剧烈的运动,它的身体碰撞、争抢都会给参与这项运动的人造成不同程度的损伤,比如用力过大引起肌肉的拉伤或者被别人踢伤、铲伤等等,足球运动是创伤发生率最高的运动项目。

2. 足球运动致伤的原因

足球运动损伤有几方面原因:(1)激烈比赛致伤;(2)因球的间接作用致伤;(3)球击伤;(4)踢伤;(5)摔倒;(6)犯规动作;(7)技术动作不正确;(8)不遵守训练原则;(9)场地不好,忽视使用保护带;(10)运动员过度疲劳等。除上述情况外,足球运动员又常因劳损发生慢性创伤,如关节创伤性骨关节病(足球踝)及髌骨劳损等。

3. 足球运动损伤具有哪些特点

足球运动需踝关节、膝关节、腰部不断进行屈伸、旋转等多方面活动,造成关节及其周围肌肉、肌腱处于超负荷工作状态而易损伤。足球运动战术多样,难度较大,运动中大多数技术动作主要用脚来完成,因而下肢是足球运动员最容易损伤的部位。在头球争夺时,由于头的体积小于躯干,在跳起争顶的过程中,头顶球的同时躯干成为争夺空间的必备条件,身体在空中的冲撞不可避免,加上合理冲撞技术也是以身体的对抗来争夺控球空间,运动员可能的损伤部位由下面扩大,使得足球的运动损伤具有广泛性。

4. 足球运动中常见的下肢损伤有哪些

(1)膝部慢性运动创伤是足球运动员的好发部位,踢球踢空、二人对脚、带球急停变向跑等屈膝伴小腿旋转动作最容易导致膝关节半月板的损伤;随着足球运动的不断发展,膝关节联合损伤(内侧韧带、半月板及交叉韧带同时损伤)的发生率有上升的趋势。

(2)长期的训练引起的髌骨劳损、股四头肌急性裂伤或髌腱断裂、小腿后部遭受的撞击伤较为多见,轻者致肌肉挫伤,重者可引起严重的肌肉撕裂或断裂,小腿后肌群(腓肠肌)和大腿后肌群(腘绳肌)痉挛(抽筋)是比赛中常见的。

(3)踝关节扭伤或多次反复损伤致足球踝的问题是困惑运动者的一道难题。足球运动中慢性创伤中发生率最高的是足球踝(亦称骨性关节炎),主要是有踝关节局部劳损所致。

5. 足球运动踝关节扭伤最常见

据记载,足球运动损伤中除一般的擦伤及挫伤外,踝关节的扭伤最常见,其次是大腿前后肌群肌肉拉伤、挫伤,膝关节损伤又次之。其中半月板撕裂、膝交叉韧带撕裂、髌骨骨折、髌骨劳损等虽比较少见,一旦发生治疗却比较困难。守门员因为经常扑球摔倒,所以很容易发生手腕(舟状骨骨折)及肘的创伤(鹰嘴皮下滑囊炎及血肿),因此,一般守门员都应穿线衣,戴护肘和手套。

6. 怎样预防足球运动损伤

(1)赛前应充分进行热身活动:比赛前的热身活动可使机体神经系统的兴奋性适度提高,使心肺功能尽快适应足球比赛的强度要求,体温适度提高,机体的代谢水平提高,降低骨骼肌的黏滞性,增强肌肉弹性和伸展性,预防骨骼肌出现运动损伤。

(2)比赛中做好自我保护:由于足球运动项目的特点要求,在比赛进行中,双方队员的身体接触较多,以及动作技术的要求,在同场比赛中会出现较多频次与地面接触。所以要求参赛运动员在场上关注周围情况,避免由于对方的逼抢或者是场地问题造成损伤。

(3)对参与运动者加强职业道德教育,树立正确的比赛意识,减少和杜绝有意犯规和故意伤人的行为。

（4）加强技术练习，正确掌握各种技术并能熟练运用，同时注意合理安排运动量，避免过度疲劳的产生和局部负荷过重。

（5）全面发展身体素质，尤其注意发展踝关节、膝关节及大腿、小腿肌群的力量和柔韧性。对易伤部位要进行专门训练，例如加强股四头肌力量练习，对预防髌骨软骨病会起到重要作用，亦能增强膝关节的稳定性。同时注意自我保护动作的训练。

（6）比赛及训练中严格执行保护运动员身体健康的有关规定，特别注意穿好球袜及戴好护腿板等。

（7）加强裁判工作，严格执行比赛规则，对故意犯规及有意伤人者要从严处理。同时注意场地及器材要符合比赛和训练的要求。

第五篇 体重的控制

第一部分　体重与身体成分

一、体重

(一)体重及标准体重的概念

体重是人体各部分(骨骼、骨骼肌、关节、韧带、脂肪组织等)的总重量,即以重量为单位的人体各组织成分的总和。体重是反映人体充实程度的整体指标,也可以间接地反映人体营养状况。体重过轻可作为营养不良或患有疾病的重要特征;体重过重,会表现为不同程度的肥胖。

标准体重是以身高为基准的体重,最早于1978年由世界卫生组织推荐,常用来评价肥胖。标准体重(kg) = [身高(cm) − 100] × 0.9 或标准体重(kg) = [身高(m)]^2 × 22。我国成年人标准体重参考计算公式如表5 − 1所示。

表5 − 1　我国成年人标准体重参考计算公式

身高(cm)	年龄	性别	标准体重(kg)
低于165	成年人	男	标准体重 = 身高(cm) − 105
低于165	成年人	女	标准体重 = 身高(cm) − 110
高于165	小于30岁	男	标准体重 = 身高(cm) − 100
高于165	小于30岁	女	标准体重 = 身高(cm) − 102.5
高于165	30 ~ 50岁	男	标准体重 = 身高(cm) − 105
高于165	30 ~ 50岁	女	标准体重 = 身高(cm) − 107.5

(二)体重指数及其划分

体重指数(BMI)的计算公式是体重(kg)除以身高(m)的平方,可用来评价人的体重是否正常。1998年世界卫生组织制定了肥胖的诊断标准,将BMI大于25(kg/m^2)定为超重,大于30(kg/m^2)定为肥胖。然而,此标准是基于欧洲人群的标准,不太适用于亚太地区。亚洲人较低的BMI下便出现代谢性疾病,而且脂肪更易堆积在腹部。世界卫生组织亚太区办事处、国际肥胖研究协会及国际肥胖专家组于2002年2月联合发布了《亚太地区肥胖的重新定义和处理》,将BMI大于23(kg/m^2)和25(kg/m^2)分别定为超重和肥胖。有学者认为此标准适用成年人,而不适用于儿童。国内有学者提出用BMI男生大于18和女生大于17.5来判定6 ~ 12岁儿童少年肥胖。

二、身体成分

(一)身体成分的概念

身体成分是指组成人体的各组织、器官的总成分。根据各个成分的生理功效的不同,常把体重分为体脂重(脂肪重)和去脂重(瘦体重)。身体成分常以体脂百分数来表示,体脂百分比＝体脂重/体重×100%。

（二）身体成分评估方法及其划分

身体各组成成分的数量及其分布,不但影响体质的强弱,脂肪数量增加和分布还会对人体的健康产生不利的影响。因此,身体成分被认为是与健康相关的体质评定指标,用它可以监测营养状况、体液平衡状况,评价生长发育等,在临床和基础研究中具有重要价值,越来越受人们的重视。身体成分评估在减肥、健身和运动员控制体重等方面也都具有十分重要的意义。

目前测量评估身体成分的方法有:人体测量法(如皮褶厚度法、围度法、核磁共振法、CT法、双光能分析法、近红外线测试法),身体密度法(水下称重法、空气置换法),生物电阻抗分析法,生化方法等。体脂的划分标准如表5－2所示。

表5－2　体脂的划分标准

分类	体脂百分比（%）	
	男子	女子
最低脂肪含量	3.0～5.0	11.0～14.0
运动员脂肪含量	5.0～13.0	12.0～22.0
较理想的脂肪含量	12.0～18.0	16.0～25.0
潜在危险的脂肪含量	19.0～24.0	26.0～31.0
肥胖脂肪含量	25.0及以上	32.0及以上

（三）体重、身体成分控制的意义

人体健康需要合理的体重和身体成分比例,体重过轻或过重以及身体成分比例失调都会对人体健康造成危害。体脂量过多,会造成肥胖,不仅给生活、工作带来不便,而且会严重影响健康。大量流行病学研究表明:成年人肥胖,尤其是腹部脂肪积累过多的肥胖与胰岛素抵抗、高血脂、高血压、心血管疾病、脑血管意外、糖尿病、脂肪肝,以及某些肿瘤的发病率有重要关系。同样,儿童肥胖也面临许多问题,如影响神经网络的发育、智力水平降低、反应迟钝、生长素分泌水平降低,影响正常生长发育、心肺功能降低、肢体行动困难等。由于肥胖能增加相关疾病的发病率和死亡率,缩短人类寿命,所以肥胖已成为当前人类面临的重要的公共健康问题。但是,体脂过少也会危害人体健康,如长期节食、营养不良、厌食症及其他疾病造成体脂过少时,人体会出现代谢紊乱、身体功能失调等,严重者可导致死亡。

第二部分　能量平衡与体重控制

一、能量

能量是人体生存和从事一切活动的基础。机体的一切生命活动,如细胞的生长繁殖、组织更新、营养物质的运输、代谢废物的排泄、心脏跳动、神经传导等都需要能量。人体的热能来源于食物,食物在体内经酶的作用进行生物氧化释放出能量。

（一）能量单位

营养学上所用的能量单位常以"千卡"（kcal）表示,相当于1 000 g水升高1 ℃（由15 ℃升高到16 ℃）所需要的能量。在物理学上,能量的法定计量单位是焦耳（J）,也可以用"千焦耳"（kJ）、"兆焦耳"（MJ）作为能量计量单位。它们的换算公式是:1 千焦耳（kJ）= 0. 239 kcal,1 兆焦耳（MJ）= 239 kcal,1 kcal = 4. 184 kJ,1 000 kcal = 4. 184 MJ。

（二）能量物质

营养素中的碳水化合物、脂肪和蛋白质,在体内氧化分解产热,是人体的能量来源,故称为能量物质。它们在体内的氧化过程和体外的燃烧有类似之处,但由于在体内的最终产物不同,所以释放的能量与体外有所不同。糖和脂肪在体内与体外的最终产物都是二氧化碳和水,而蛋白质在体内不能完全氧化成二氧化碳和水,尚余含氮有机物（尿素、胺等）排出体外,这部分物质还可产热,所以蛋白质在体内产热比体外少。此外,3 种能源物质的消化率不同,也影响它们在体内的产热量。每克碳水化合物、脂肪、蛋白质在体内氧化的生理有效热量分别为4. 0 kcal、9. 0 kcal和4. 0 kcal。

二、能量平衡

所谓能量平衡即机体消耗和摄入的能量趋于相等。能量平衡是营养学中一个最基本的问题,也是评价营养状况的重要指标。当能量的摄入量与消耗量相当时,人体的体重保持恒定;能量摄入量大于消耗量时,体重和体脂就会增加;能量摄入量小于消耗量时,体重则会减轻,后两种情况往往有损身体健康。儿童少年因处于生长发育期,能量的摄入应大于消耗,才能保证其正常的生长发育。

（一）能量的消耗

人体的能量消耗包括以下几个主要部分:基础代谢（basal metabolism）的消耗、运动的生热效应（TEE）、食物的生热效应（TEF）和机体生长发育所需的能量。成年人的能量消耗为前3项,第4项适用于儿童、少年和孕妇,也包括长期患病引起机体大量消耗后,处于康复期的人群。

1. 基础代谢及其影响因素

（1）基础代谢:基础代谢是维持人体基本生命活动的能量,即在无任何体力和紧张思维活动、全身肌肉松弛、消化处于静止状态的情况下,用以维持体温和人体必要的生理功能（呼吸、循环、排泄、腺体分泌、神经活动和肌肉紧张度等）所需的能量。基础代谢的测定应在清晨、空腹、静卧及清醒状态下进行,而且室温要保持在18 ℃~ 25 ℃。研究结果表明,人体基础代谢的高低虽与体重有关,但并不构成比例关系,而是与体表面积成正比。所以,单位时间内人体每平方米体表面积所消耗的基础代谢量被称为基础代谢率(BMR)。

1985年,世界卫生组织提出以安静代谢率(RMR)代替基础代谢率。安静代谢率是测定维持人体正常功能和体内稳态,再加上交感神经系统活动所需消耗的能量。测量安静代谢率时,要求受试者仰卧或静坐于安静舒适的环境中,全身处于休息状态,距离上次就餐或剧烈活动数小时。这种状态比较接近于人体的休息状态。RMR稍高于BMR,但两者差别很小。目前,采用RMR更为普遍。

(2)基础代谢率的估算:由于测量之前准备工作多、具体操作繁琐,RMR的测量并不经常进行,往往是通过一些公式来推算。RMR的推算公式基于以下原理:RMR与身体体积成正比例关系;RMR随年龄的增加而减小;肌肉比脂肪的新陈代谢更活跃。

Harris – Benedict公式是一种较为简单常用的估算基础代谢率的公式:

男子:

RMR = 88.362 + (4.799 × 身高) + (13.397 × 体重) – (5.677 × 年龄)

女子:

RMR = 447.593 + (3.098 × 身高) + (9.247 × 体重) – (4.33 × 年龄)

RMR 单位:$kcal \cdot day^{-1}$,身高单位:cm,体重单位:kg,年龄单位:岁。

如果已经测得个体的瘦体重,那么就可以用下述公式推算RMR。因为肌肉的新陈代谢率在男女之间并无差异,因此用该公式可不考虑性别。

RMR($kcal \cdot day^{-1}$) = 370 + 21.6 × 瘦体重(kg)

(3)影响因素:基础代谢受体表面积与体型、年龄、性别、内分泌,以及气温等因素的影响。

①体表面积与体型。基础代谢随着体表面积而增大。体表面积大者向外环境中散热较快,基础代谢亦较强。例如,同体重瘦高的人较矮胖的人体表面积相对较大,其基础代谢亦较高。

②年龄和性别。婴幼儿生长发育快,基础代谢旺盛,随着年龄增长,基础代谢逐渐下降。成年以后基础代谢率每隔10年约降低2%。一般成年人比儿童基础代谢率低,老年人又低于成年人。女性的BMR比男性低5%~10%,即使相同的身高和体重也是如此。

③内分泌。许多腺体分泌的激素都可对细胞代谢起调节作用。

④气温。炎热地带的居民基础代谢较低,一般热带居民基础代谢率约比温带同类居民低10%;严寒地区居民基础代谢率约比温带地区同类居民高10%。

2. 运动的生热效应

TEE代表从事体力活动所需要的能量消耗。其在人体总能量消耗中占主要部分,在所有引起能量消耗的组成部分中,TEE的变异最大,即最容易发生改变。TEE与体力活动的强度、持续时间及工作的熟悉程度有关。体力活动的强度越大、持续时间越长、工作越不熟练能量消耗就越多。

3. 食物的生热效应

TEF是指进餐后数小时内发生的超过RMR的能量消耗。TEF是人体由于摄食引起的一种额外的能量消耗,是食物消化、转运、代谢和储存过程中能量消耗的结果。不同食物的TEF各有差异,糖类的TEF相当于糖类本身所产生热能的5%~6%,脂肪的TEF为4%~5%,蛋白质的TEF为30%。膳食的TEF与膳食结构有关,一般的混合膳食约为10%,高糖膳食约为8%,高蛋白膳食约为15%。TEF在进食后2h左右达到高峰,3~4h后恢复正常。

4. 生长发育的能量消耗

处在生长发育阶段的儿童和少年一天的能量消耗还应包括生长发育所需要的能量。新生儿按每千克体重计算时,比成年人相对多消耗 2~3 倍的能量。3~6 个月的婴儿摄入的能量中有 15%~23% 用于生长发育的需要而被留在体内。研究表明,每增加 1 g 新组织约需要 20 kJ(4.78 kcal)的能量。孕妇,特别是在怀孕后期也要考虑这部分的能量消耗。

5. 影响能量消耗的其他因素

精神紧张及应激状态可使人的能量消耗增加,在较高应激状态时,基础代谢可提高 25%。寒冷可使能量消耗增加 2%~5%,高温条件下(30 ℃~40 ℃)能量消耗也相对增加,从 30 ℃~40 ℃,每升高 1 ℃约增加 0.5% 的能量消耗。但在热带已适应者,其基础代谢比寒带人低。机体发热时,代谢升高。当体温升到 39 ℃时,基础代谢可增加 28%。

6. 能量消耗的估算

在基础代谢率算出后,用以下标准估算每日活动所需热量。计算所得的值为维持当前体重所需能量的粗略估计值。

(1)低强度:对一个只需要很少的身体活动(大多数时间坐着工作)进行工作或休闲(例如,不进行有规律的体育活动)的人,将 RMR×1.4。

(2)中低强度:在工作时,更多的时间是走或站立以及从事有规律(至少每周 3 天)的中低强度的体育活动的人,将 RMR×1.6。

(3)中高强度:对于需要高强度体力活动的工作(如搬运工等),或从事有规律(至少每周 4 天)的中高强度的体育活动的人,RMR×1.8。

例如,计算一位 50 岁的男性办公室工作人员的每日能量消耗。其身高为 182.9 cm,体重为 97.7 kg,每周 3 次快速步行 3 000 m,其他时间基本不活动,他的能量消耗估算为:

RMR = 88.362 + (4.799 × 182.9) + (13.397 × 97.7) − (5.677 × 50) = 1991 kcal·day^{-1}。

由于他进行有规律的中等强度运动,故每日能量消耗 = RMR×1.6 = 3186 kcal·day^{-1}。

(二)能量的摄入

人体能量来源是食物中的糖类、脂肪和蛋白质,这 3 种产热营养素在人体的代谢中,既各有特殊生理功能又相互影响。糖类与脂肪间可互相转化,二者对于蛋白质的消耗也有替代作用。在选择食物时,应考虑到各营养素之间的平衡,根据我国居民的习惯,一般成年人膳食中糖类、蛋白质和脂肪供能各占总能量的 60%~70%、10%~15% 和 20%~25%。人体能量的需要量因受身体活动强度、年龄、性别、生理特点等因素影响而有所不同,一般成年人能量摄入量和消耗量保持平衡,就能维持各种正常的生理活动和身体健康。

(三)能量不平衡的危害

在一定时期内机体的能量收支不平衡,首先反映在体重的变化上,然后可发展到降低身体机能,影响健康,引起疾病,缩短寿命。因此能量平衡具有很重要的意义。

1. 热量过多的危害

摄入热量过多,其多余部分在体内转变为脂肪,脂肪过多形成肥胖。肥胖对健康不利,因为身体肥胖,不但有大量脂肪积聚在皮下,而且还有许多脂肪沉积在一些内脏上。如果大量脂肪沉积在肝脏里,使之变成脂肪肝,肝脏的许多重要生理功能就会受到影响。腹腔、肠系膜、大网膜和胸腔上堆积脂肪,可使膈肌活动受限,胸腔容积变小,也会妨碍呼吸和气体交换。如果心包上的脂肪增多,也能压迫心脏,影响血液回流,使人容易产生疲劳,不能承受较重的体力活动,并常感到头痛、头晕、心悸、腹胀等。肥胖还往往引起体内脂类代谢紊乱,造成血脂过高,易发生动脉粥样硬化。所以,许多疾病都与肥胖有关。研究表明,肥胖者冠心病比体瘦者多5倍,高血压比正常人多2~3倍。肥胖还易并发糖尿病、胆结石、胰腺炎和痛风等。

2. 热量过少的危害

当热量摄入不足时,体内贮存的脂肪和糖原将被动利用,甚至体内的蛋白质也被动分担供能,使体重减轻,瘦体重也减轻,从而导致肌力减弱,工作效率下降。长期能量摄入不足,影响蛋白质的吸收和利用,会加重体内蛋白质的缺乏,引起蛋白质营养不良症。其临床表现为基础代谢降低、消瘦、贫血、精神萎靡、皮肤干燥、肌肉软弱、体温降低、抵抗力下降、健康水平下降,并易患感染性疾病等。

造成饮食不平衡的原因有两方面:饮食和运动。就个体而言,可能是摄入热量过多或不足,也可能是缺乏运动或运动过度。此外,某些疾病也可使热量代谢失去平衡。为了避免热量摄入过多或过少对人体造成危害,要注意保持热量的收支平衡,积极参加体育锻炼。

三、体重控制

(一)保持体重不变的原则

基本原则是"热量平衡"。在实践中应按照"量入为出"和"量出为入"的原则来安排饮食量(能量摄入量)和体力活动量(能量消耗量)。

(二)减体重

减体重计划应符合能量消耗大于能量摄入的原则。采用的方法有:控制饮食(减少能量的摄入)、增加运动(增加能量消耗)、控制饮食和运动相结合。

饮食方面应注意平衡膳食,减少热量摄入,选择热量低、营养素含量全面的食品。严格限制高热量、高脂肪、高糖类食品的摄入。控制零食的摄入,特别是睡觉前,以及非饥饿状态进食。注意合理安排进食时间。

运动方面应注意运动量循序渐进,以消耗大量能量的运动为主,但要避免过度疲劳。

(三)增体重

增加体重,特别是增加瘦体重,应从运动、饮食和睡眠等方面采取相应措施,不仅要增加摄食量,也要增加运动量,要使机体热量摄入大于机体消耗的热量。使人体蛋白质代谢为正氮平衡。

运动,特别是系统的肌肉力量练习,能够促进骨骼肌蛋白的合成,使肌肉重量增多,体积增大。

配合运动训练,应及时调整饮食,每天进食4~5餐,食物选择以易消化吸收高蛋白、相对高热量为原则,用循序渐进的方式逐步增加各种营养物质的摄入量,饮食量应使机体处于热量正平衡。应控制油脂类食品的摄取,减少患冠心病等疾病的风险,同时,补充适量的维生素和矿物质,保证充足的睡眠。

小贴士

造成饮食不平衡的原因有两方面:饮食和运动。就个体而言,可能是摄入热量过多或不足,也可能是缺乏运动或运动过度。此外,某些疾病也可使热量代谢失去平衡。为了避免热量摄入过多或过少对人体造成危害,要注意保持热量的收支平衡,积极参加体育锻炼。

第三部分　减　　肥

一、肥胖的原因

这里主要讨论单纯性肥胖的原因。虽然,肥胖基本上是由于体内能量代谢不平衡,能量的摄入超过能量的消耗以致体内脂肪蓄积过多造成的,但与遗传(即个人生理代谢特点)、生活方式(活动量、饮食结构)、环境、心理、文化等多种因素相关。即肥胖是一种多因素引起的复杂疾病,不能只用单因素来解释。

(一)遗传因素

研究表明,单纯性肥胖具有遗传倾向,肥胖者的基因可能存在多种变化或缺陷。基因筛选的研究发现,肥胖相关基因位于 2、10、11、20 号染色体上,由一个相对庞大的基因组控制,但尚未能够在患者中发现共有的"肥胖基因"。

在对双胞胎、领养子女家庭的调查中发现,肥胖具有一定的家族聚集性。如双亲均肥胖者,子女中有 70%~80% 的人表现为肥胖。双亲之一(特别是母亲)为肥胖者,子女中有40% 的人较胖。双亲都瘦的,其子女中仅 10% 的人为肥胖。人群的种族、性别和年龄差异对致肥胖因子的易感性不同。研究表明,遗传因素对肥胖形成的作用约占 20%~40% 。

遗传因素可以表现在很多方面:如有的人是体内缺乏分解脂肪的酶,使脂肪合成占优势;有的人小肠较长,使食物消化吸收充分,摄入较多热能,这些人虽食量不大,但易发胖。遗传还影响人的性格,是否爱运动,是否易激动。

但遗传变异进程是非常缓慢的,20 世纪后期,肥胖发生率的全球性快速增长提示:肥胖可能不是遗传基因发生显著变化引起的,而主要是人类生活方式、生活环境转变所造成的。

(二)生活方式

1. 进食过量

从流行病学调查中发现,经济发达国家和地区的肥胖患病率远远高于不发达国家和地区。其原因之一是发达国家和地区食物供应丰富,人们消费高蛋白质、高脂肪食物的量大增,能量总摄入很容易超过总消耗。如在我国的大中城市,目前人们越来越多地摄入富含高能量的动物性脂肪和蛋白质,摄入的谷物类食物减少,对富含膳食纤维和微量营养素的新鲜蔬菜和水果的摄入量也普遍偏低。与我国传统的膳食模式相比,目前的膳食模式(含较多的非营养素密集性物质),更容易引起肥胖。

不良饮食习惯也会造成肥胖:如不吃早餐常导致午餐、晚餐甚至一日总摄入量增加;三餐食物能量分配及间隔时间不合理,晚上吃得过多而运动较少;摄入过多的快餐食品。快餐食品往往富含高脂肪和高能量且营养素构成单调,经常食用不仅易致肥胖,并有引起某些营养素缺乏的可能。肥胖者的进食速度一般较快,使大脑来不及处理传入摄食中枢的信号而不能做出相应调节,饱足感未出现就已摄入过量食物。此外,经常性的暴饮暴食、夜间加餐、吃零食等不良进食习惯,也是导致肥胖的主要原因。

2. 体力活动减少

随着现代交通工具的日渐完善,职业性体力劳动和家务劳动量减轻,人们处于静态生活的时间增加。大多数肥胖者不爱劳动;坐着看电视是许多人在业余时间的主要休闲消遣方式,成为发生肥胖的主要原因之一;另外某些人因肢体伤残或患某些疾病而使体力活动减少;某些运动员在停止经常性锻炼后未能及时相应地减少其能量摄入,都可能导致多余的能量以脂肪的形式储存起来。

经常进行体力活动或运动,不仅可增加能量消耗,而且可使身体的代谢率增加,有利于维持机体的能量平衡,还可以增强心血管、呼吸系统的功能。因为高强度剧烈运动不易坚持较长时间,而且在短时间的高强度运动中,主要以消耗体内糖类(肌糖原、肝糖原等)提供的能量为主,而不是首先消耗脂肪。在进行中、低等强度体力活动时,人体更多动员体内脂肪分解以提供能量。由于中、低强度的体力活动可坚持的时间长、被氧化的脂肪总量比高强度剧烈运动多。因此,应强调多进行有氧的中、低强度体力活动,如走路、慢跑、蹬自行车、打羽毛球等。另外经常参加锻炼者比不经常锻炼者的代谢率高;在进行同等能量消耗的运动时,前者能更多地动员和利用体内储存的脂肪,更有利于预防超重和肥胖。

俗话说:病从口入,病源于生活方式。肥胖也是如此。因此,若要控制肥胖,应从改变生活方式入手。

(三)环境因素

经济发展和现代化生活方式对进食模式有很大影响:在中国,随着家庭成员减少、收入增加和购买力提高,食品生产、加工、运输及储藏技术有所改善,可选择的食物品种更丰富。家庭收入增加,在外就餐和购买成品食物、快餐食品的情况增多,其中不少食品的脂肪含量过高。特别有些人经常参加"宴会"和"聚餐",常过量进食;有的人遇到不顺心的事,常以进食消愁等。

政策、新闻媒体、文化传统,以及科教宣传等,对人们的膳食选择和体力活动都会产生很大影响。如电视广告对儿童饮食模式的影响很大:广告主要宣传高脂肪、高能量和高盐的方便食品或快餐食品,会造成对儿童饮食行为的误导。

(四)其他

除上述引起肥胖的原因外,还有以下因素:

1. 性别

雌激素有促进脂肪合成的作用,故女性较男性脂肪多,特别是产妇和长期服用雌激素避孕药的妇女更易发胖。此外,女性脂肪细胞较男性多,活动量一般较少也是引起肥胖的原因。

2. 年龄

肥胖的发生率随年龄的增长而增长,这与年龄增长代谢率降低有关,也与随年龄增长活动量减少,能量消耗减少,以及性腺功能减退有关。

3. 精神、心理因素

人的精神和心理情绪对食欲与消化吸收机能都有影响。如情绪好,食欲旺盛,消化吸收就好,也容易使人摄入过多热量而导致肥胖,正所谓"心宽体胖"。

二、肥胖的危害

肥胖不仅使人行动不便、影响美观,而且可引起人体生理、生化及病理等一系列变化,使人工作能力降低,容易发生多种慢性疾病,甚至影响人的寿命。

（一）肥胖与死亡率

美国癌症协会的资料显示：BMI 与死亡率之间关系密切。BMI 在 22～25，男女的死亡率最低；低于 22 或高于 25，其死亡率都会增加；BMI 为 30 时，死亡率明显增加；接近 40 时，死亡率上升更显著；而低于 20 时，死亡率也增加。有调查表明，没有一个百岁以上的老人是肥胖者。而且几乎所有的研究都发现，中心性肥胖比全身性肥胖具有更高的疾病和死亡危险，即脂肪分布是比肥胖本身对死亡率和相关疾病罹患率更重要的危险因素。

（二）肥胖与相关疾病

肥胖与许多慢性疾病有关，控制好体重是减少慢性疾病发病率和病死率的一个关键因素。

1. 高血压

对我国 24 万人的数据分析显示，BMI＞24 者，高血压患病率是 BMI 为 24 者的 2.5 倍、BMI＞28 者，高血压患病率是 BMI 为 24 者的 3.3 倍。男性腰围≥85 cm，女性腰围≥80 cm，其高血压患病率是腰围正常者的 2.3 倍。而且，随着 BMI 增加，收缩压和舒张压也随之升高；肥胖持续时间越长（尤其女性），发生高血压的危险性越大。高血压经减重治疗后，血压也随体重的下降而降低。肥胖引发高血压的机制可能与胰岛素抵抗、代谢综合征有关。

2. 2 型糖尿病

肥胖和腹部脂肪蓄积是发生 2 型糖尿病的重要危险因素。对我国 24 万人的数据分析显示：BMI＞24 者，2 型糖尿病患病率是 BMI 为 24 者的 2 倍，BMI≥28 的是 BMI 为 24 的 3 倍。男性和女性腰围分别为≥85cm 和≥80 cm 时，2 型糖尿病患病率分别为腰围正常者的 2～2.5 倍。中心性肥胖比全身性肥胖患糖尿病的危险性更大；肥胖持续时间越长，发生 2 型糖尿病的危险性越大；儿童、青少年开始患肥胖、18 岁后体重持续增加和腹部脂肪堆积者，发生 2 型糖尿病的危险更大。代谢综合征与胰岛素抵抗密切相关，肥胖、腰围超标和缺少体力活动是促进胰岛素抵抗进展的重要因素。

3. 血脂异常

有资料显示：BMI＞24 者，血脂异常（甘油三酯≥200 mg/100 ml）检出率是 BMI 为 24 的 2.5 倍；BMI＝28 者的检出率是 BMI 为 24 的 3 倍；腰围超标者，高甘油三酯血症的检出率为腰围正常者的 2.5 倍。BMI＞24 和 BMI≥28 者的高密度脂蛋白胆固醇降低（＜35 mg/100 ml）的检出率分别为 BMI 在 24 以下者的 1.8 倍和 2.1 倍。腰围超标者，高密度脂蛋白胆固醇降低的检出率为腰围正常者的 1.8 倍。

4. 冠心病和其他动脉粥样硬化性疾病

研究表明，肥胖是促进动脉粥样硬化的重要因素之一：BMI 增高是冠心病发病率的独立危险因素，冠心病（如急性心肌梗死，冠心病猝死和其他冠心病死亡）发病率随 BMI 上升而增高。高血压、糖尿病和血脂异常都是冠心病和其他动脉粥样硬化性疾病的重要危险因素，而肥胖导致这些危险因素聚集，大大促进了动脉粥样硬化的形成。BMI＞24 和 BMI＝28 的个体，有 2 个及以上危险因素聚集者动脉粥样硬化的患病率分别为 BMI 为 24 者的 2.2 和 2.8 倍。腰围超标的危险因素聚集者是腰围正常者的 2.1 倍。

5. 脑卒中

我国脑卒中的发病率较高。研究表明：肥胖者缺血型脑卒中发病的相对危险度为 2.2，脑动脉粥样硬化是其病理基础。它的发病危险因素与冠心病很相似。肥胖导致的危险因素聚集是导致缺血型脑卒中罹患率增高的原因之一。

6. 某些癌症

与内分泌有关的癌症,如女性绝经后的乳腺癌、子宫内膜癌、卵巢癌、宫颈癌;男性的前列腺癌及某些消化系统癌症(如结肠直肠癌、胆囊癌、胰腺癌和肝癌)的发病率与肥胖存在正相关。究竟是促进体重增长的膳食成分(如脂肪),还是肥胖本身与癌症的关系更密切,还有待进一步研究。

7. 阻塞性睡眠呼吸暂停综合征

肥胖引起的睡眠呼吸暂停,是由于颈、胸、腹和横膈部位的脂肪堆积过多,胸壁运动受阻,卧位时使上呼吸道变窄、气流不畅而造成的呼吸困难。因血液二氧化碳浓度过高、血氧过低可抑制呼吸中枢,引起暂时窒息。如伴有严重呼吸道疾病,则容易产生肺动脉高压、心脏扩大和心力衰竭等。

8. 内分泌及代谢紊乱

脂肪细胞不仅储存脂肪,还具有内分泌功能,同时也是许多激素作用的靶器官。肥胖者血浆胰岛素水平明显高于正常,并存在胰岛素抵抗;体力活动能通过减轻体重而提高机体对胰岛素的敏感性。肥胖者血循环中的性激素平衡被打破,如腹部脂肪过多的女性常有排卵异常、雄激素分泌过多,并伴有生殖功能障碍。有些中度肥胖女性易罹患多囊卵巢综合征。

9. 胆结石和脂肪肝

肥胖者胆结石的患病率是非肥胖者的 4 倍,中心性肥胖者的危险性更大。肥胖者的胆汁中胆固醇过饱和、胆囊活动减少,可能是胆结石的成因。

肥胖是非酒精性脂肪肝的危险因素之一,有报道,BMI ≥24 者,脂肪肝高达 41.5%;而非超重者,脂肪肝检出率为 11.3%;肥胖合并血糖耐量异常或糖尿病患者的脂肪肝更严重;另外重度肥胖者肝纤维化、炎症和肝硬化的发病率也高。

10. 骨关节病和痛风

临床上常观察到肥胖者中膝关节疼痛和负重关节的骨关节病较多。肥胖者痛风的发生率较高与糖尿病并发症直接相关。痛风性关节炎是在关节内由于尿酸盐形成的痛风石引起反复发作的急性炎症。但体重增加与尿酸水平上升的关系还不太清楚,可能与肥胖引起的代谢变化(内源性核酸分解代谢产生嘌呤并合成尿酸较多)和饮食因素(含嘌呤较高的动物性食品)有关。

11. 社会和心理问题

文化背景、种族不同,对肥胖的态度也各异。如我国曾把肥胖称为"发福",并作为富裕的象征。而在某些国家和地区,肥胖者可能受到来自社会、环境的偏见和歧视。有些年轻女性易受社会舆论驱使,把"减肥"作为时尚,有人甚至出现致病性控制体重行为(如神经性厌食)。暴饮暴食也是肥胖者常见的一种心理病态行为,其主要特点是常于傍晚或夜间出现无法控制的食欲亢进。饮食习惯不良常与不当节食行为有关,如大量进食后自行引吐,不仅影响治疗效果,更有害身心健康。肥胖儿童易产生自卑感、畏惧参加各种社交活动,造成心理问题。

三、减肥的方法

目前,世界各国减肥的方法很多,如饮食减肥法,药物减肥法,针灸按摩减肥法,手术减肥法等,人们可以根据具体情况合理选用。以下主要介绍饮食、运动和药物减肥法。

（一）饮食减肥法

饮食减肥法是所有减肥法的基础,其基本内容是:限制膳食热量,调整膳食结构与改变膳食习惯。

1. 限制膳食热量

原理:减少热量摄入,造成机体能量平衡,迫使身体消耗体内脂肪。一般低能量膳食:女性每天摄入1 000~1 200 kcal,或比原来摄入的能量低300~500 kcal。减重速度以每周不超过0.5 kg为宜,速度过快不仅影响正常生理机能,有损健康,且减重的质量不好,即所减重量中的非脂肪细胞成分(如蛋白质与水)较多,减肥的效果也不易巩固。

低能量膳食期间,为了避免因食物减少引起维生素和矿物质不足,应适量摄入含维生素 A、维生素 B$_2$、维生素 B$_6$、维生素 C 和锌、铁、钙等微量营养素补充剂。可按照推荐每日营养素摄入量设计添加混合营养素补充剂。

总之,每天摄入热量不少于1 000~2 000 kcal 为宜,避免极低能量膳食(即每天少于800~900 kcal),如有需要,应在医务人员监督下进行。

2. 调整膳食结构

减肥膳食结构的基本原则是:在低能量膳食基础上,摄入低脂肪、适量优质蛋白质、含复杂糖类(如谷类)和较高比重新鲜蔬菜、水果的膳食。即在满足人体各种营养素需要并使之平衡的基础上,减少总热量的摄入,让身体中的部分脂肪氧化以供机体能量消耗。

减肥膳食结构中,蛋白质、脂肪、糖类占总热量的百分比分别为:15%~20%、20%~25%、60%~65%。蛋白质的供给量每天不少于1.5 g/kg体重。

减少能量摄入应以减少脂肪为主。血脂异常者应限制摄入富含饱和脂肪酸和胆固醇的食物(如肥肉、内脏、蛋黄)。

> **小贴士**
>
> 减肥膳食结构的基本原则是:在低能量膳食基础上,摄入低脂肪适量优质蛋白质、含复杂碳水化合物(如谷类)和较高比重新鲜蔬菜、水果的膳食。

摄入适量优质蛋白质(如瘦肉、鱼、蛋白和豆类),在能量负平衡时非常重要,它可提高机体免疫力;减少人体肌肉等组织中的蛋白质被动作为能量;与谷类等植物蛋白质的氨基酸起互补作用,提高植物蛋白质的营养价值;还可通过异生转变为糖,以维持血糖、控制食欲、弥补糖类不足。

不吃或少吃谷类主食的观点和做法是错误的。谷类中的淀粉是复杂的糖类,可防止进餐后血糖骤升,对维持血糖水平有好处。谷类食物还富含膳食纤维,对降血脂、预防癌症有一定好处。减少总能量摄入时,也要相应减少谷类主食量,但不减少其在食物总量中的比例。

蔬菜、水果的体积大而能量密度较低,又富含人体必需的维生素和矿物质,以蔬菜和水果替代部分其他食物,能增加饱腹感而不致摄入过多能量。

3. 改变饮食习惯

进餐要有规律,可少食多餐,增加进食次数:一日可进餐4~6次,但总热量须在限度以内。避免少餐多吃,这可减少餐后胰岛素的分泌和体脂合成。此外可使胃容积缩小,减少饥饿感。

放慢进餐速度、细嚼慢咽,可减少进食量。进餐速度过快易造成多吃。切忌暴饮暴食或漏餐。

不要进餐后即睡或静坐不动。进餐后如适当活动,可使食物特殊动力作用的热能消耗比平时增加2倍。

应少摄入盐,因钠在体内增加水潴留。少吃刺激食欲的食物,如辛辣食物。但是,有研究发现,辣椒素能促进脂肪分解代谢,同时,辣食中的可溶性纤维是一种良好的淀粉阻滞剂,而纤维吸水膨胀,体积增大,使胃有饱满感。少饮酒,酒精是高热量食物,1 g酒精能够产生7 kcal热量。少吃油炸、油腻食物和过多零食,此类食物往往是高热能的非营养素密集性食物。尽量采用煮、煨、炖、烤和微波加热的烹调方法,用少量油炒菜。减少含糖饮料摄入,养成饮用白水和茶水的习惯。

饮食减肥需要较长时间,并且要持之以恒,达到理想体重后,需继续注意控制几个月,否则调整好的饮食尚未养成习惯,很容易恢复原状,体重就随之回升,前功尽弃。

饮食减肥法是所有减肥法的基础,而只控制饮食不结合增加体力活动或不采取其他措施,减肥的程度和持续效果均不易达到满意。一般超重或轻度肥胖者,饮食减肥与运动减肥结合使用,是最常用、最科学有效的方法;重度、中度肥胖者采用此减肥方法时,还需配合多种其他方法方能奏效。

(二)运动减肥法

运动增加能量消耗,是造成机体热能负平衡的另一种手段。实践证明,目前国际公认最安全可靠、反弹也小的减肥方法是:运动减肥与饮食减肥的有机结合。

除了增加能量消耗,运动还作用于神经内分泌系统,有益脂肪代谢调解,促进脂肪分解,减少脂肪合成。在运动时,不仅肾上腺激素分泌增加,脂解激酶释放增加,加强甘油三酯的水解过程;运动还使胰岛素分泌减少,抑制体脂合成,促进体脂分解;还能促进血游离脂肪酸、葡萄糖的利用,一方面使脂肪细胞释放大量游离脂肪酸,细胞缩小;另一方面,消耗多余葡萄糖,使之不转为脂肪,减少异生脂肪的聚积。但并不是任何运动的减肥效果都好,符合以下条件后成效才会明显。

1. 有氧运动

提倡动力型的有氧运动,并有大肌肉群参与的中、低强度运动。中等强度相当于运动中心率达100~120次/分钟;低强度相当于心率为80~100次/分钟。中等强度运动消耗能量,男、女每分钟分别为4.8~7.0和3.3~5.1 kcal,低强度消耗能量每分钟分别是1.9~4.6和1.4~3.2kcal。

2. 持续较长时间

与一般健身运动相比,减肥运动的时间应延长些;可由小运动量开始,每日安排30 min,待适应后再逐步增加至应达到的目标。每天30~60 min甚至更长时间的活动,不要求一定连续,可将多次活动的时间累加,但每次活动时间不少于10 min。

3. 经常运动或活动

经常运动或活动,使神经、内分泌系统及酶的活性等生理、生化过程发生一系列适应性变化,使骨骼肌氧化脂肪酸和酮体的能力增强,有利消耗体脂。

“没时间”常成为人们不参加运动的理由,并把增加活动看成是一种“负担”。应该转变观念,把运动或活动作为提高身体素质、保证健康的必要条件。创造更多的活动机会,并把增加活动的意识融于日常生活中;适当改变日常生活习惯,尽量选择较多活动以替代较省力的条件。例如,在城市,鼓励人们在1 km距离内用步行替代坐车;短途出行骑自行车;提前一站下车而后步行到目的地;步行上下5层以内的楼梯以替代乘电梯,等等。

4. 注意事项

(1)每天安排运动:运动的量和时间应按减肥目标计算,对于需要削减的能量,一般采取增加运动和控制饮食相结合的方法,其中50%由运动减肥法解决,其余50%采用饮食减肥法。

(2)运动量的安排:应根据减肥者的体能、年龄和兴趣等进行,以某一项运动为主,再配合其他运动。

(3)增加运动量和提高强度应循序渐进:尤其是有心、肺疾病或近亲中有严重心血管病史者。剧烈活动前充分的热身和伸展运动,逐渐增加肌肉收缩、放松速度,能改善心肌供氧、增加心脏的适应性;运动后的放松活动,使体温渐渐回落,逐渐降低肌张力,可防止急、慢性肌肉关节损伤。避免负荷过量,过量负荷会使免疫功能降低。

(4)出现以下症状,应立即停止运动:①心跳异常,如心率比平时运动时明显加快、心律不齐、心悸、心慌、心率快而后突然减慢等;②运动中、运动后即刻出现胸痛、上臂或咽喉部疼痛或沉重感;③特别眩晕或轻度头痛、意识紊乱、出冷汗或晕厥;④严重气短;⑤身体任何一部分突然疼痛或麻木;⑥暂时性失明或失语。

> **小贴士**
>
> 把增加活动的意识融于日常生活中;适当改变日常生活习惯,尽量选择较多活动以替代较省力的条件。

(三)药物减肥法

药物减肥法适用肥胖而致疾病危险性增加的患者,不以美容为目的,低危肥胖者应首选饮食和运动疗法。

1. 适应者

(1)食欲旺盛,餐前饥饿难忍,每餐进食量较多者。

(2)合并高血糖、高血压、血脂异常和脂肪肝的患者。

(3)合并负重关节疼痛者。

(4)肥胖引起呼吸困难或有阻塞性睡眠呼吸暂停综合征的患者。

(5)BMI≥24 有上述并发症,或 BMI≥28 不论有无并发症,经过 3~6 个月单纯性控制饮食和增加活动量,仍不能减重5%,甚至体重仍有上升趋势的患者,可考虑用药物辅助治疗。

2. 药物种类

减肥药物可分以下几类:抑制食欲药、阻止消化吸收类药、能量消耗增强药影响脂类代谢药。

(1)抑制食欲药:西布曲明是常用的抑制食欲的减肥药之一,其主要作用为抑制中枢对－5羟色胺和去甲肾上腺素的再摄取,以增加饱腹感。它的副作用:可以引起口干、失眠、乏力、便秘、月经紊乱、心率增快和血压升高。老人,尤其是老年性高血压或糖尿病患者慎用。因便秘可诱发眼底出血、心肌梗死。高血压、冠心病、充血性心力衰竭、心律不齐或中风患者禁用。血压偏高者,在有效降压后方可使用。

（2）阻止消化吸收的减肥药：这类药可选择性地影响某热源物质的吸收利用，有利于机体能量负平衡而减重。如奥利司他就是此类常用减肥药：它对肠道胰脂肪酶有选择性抑制作用，使摄入脂肪的 1/3 不被吸收而达到减肥目的。常用剂量为进餐前一次口服120 mg，3~6 个月可减重 7~10 kg。

副作用：排便急，有时因为肛门排气带出粪便而污染内裤，如减少膳食脂肪以上症状可缓解。患者出现以上症状是减少脂肪摄入的"信号"。使用较长时间后，上述症状可减轻。因仅 3% 的奥利司他从肠道吸收，几乎无心血管甚至全身副作用。老年人使用较安全，老年便秘者服用后尚可缓解便秘。如能在 3~6 个月服药期间养成良好的饮食习惯，则体重反弹较少。但应注意服用此药期间脂溶性维生素 A、维生素 D、维生素 E 等的补充问题。

（3）能量消耗增强药：此类药可刺激机体增强其能量消耗，但副作用较多，不推荐使用。如三碘甲状腺原氨酸（T3）、生长激素（CII）、二硝基酚（DNP）、脂解素等。

（4）膨胀充填剂：膨胀充填剂不含热量，因主要成分是膳食纤维而不被消化吸收利用。食入后在胃肠中膨胀，使人产生饱满感，降低食欲，从而减少能量摄入。这类药物有甲基纤维素等。

（5）影响脂质代谢的药物：此类药可妨碍脂质代谢，减少脂肪在体内蓄积。如羟基柠檬酸盐、脱氢异雄酮等。

3. 注意事项

药物减肥法不是减肥的主要手段，只宜作为饮食、运动减肥等方法的辅助手段；患者应遵医嘱服药；医生根据患者的肥胖程度、并发症及各种危险因素程度制定合理的治疗方案，并对患者定期随访，检查和监测血压、心率和各相关指标，观察疗效，防止不良反应；如随访食欲抑制药使用者，起初至少每 2~4 周 1 次，3 个月以后可每月 1 次。

总之，对肥胖的治疗要注意以下两点：

（1）单方面节食有害无益，应保持健康的体重指数，低脂肪、适量食盐，蔬菜、水果、膳食纤维丰富，热能安全和膳食营养平衡。

（2）首选的减肥方法是低能量营养平衡的膳食加有氧运动的结合：控制减肥度在 0.5 kg/周为宜；有氧运动形式可结合自己的兴趣及日常生活习惯，运动要足够长的时间和频率，每周不少于 3~4 次，最好选择冲击性小的项目，如步行、慢跑、骑车、游泳，以免受伤害。

第四部分　增　　重

一、过瘦的原因

根据消瘦的原因,通常分为单纯性消瘦和继发性消瘦两类。单纯性消瘦又包括体质性消瘦和外源性消瘦。我们以下主要探讨的是外源性消瘦。

(一)单纯性消瘦

1. 体质性消瘦

主要为非渐进性消瘦,具有一定的遗传性。

2. 外源性消瘦

通常受饮食、生活习惯和心理等各方面因素的影响。食物摄入量不足、偏食、厌食、漏餐、生活不规律和缺乏锻炼等饮食生活习惯以及工作压力大,精神紧张和过度疲劳等心理因素都是导致外源性消瘦的原因。

(1)饮食失调:在某些情况下,个人的饮食方式将会对健康产生不利的影响。这种状况如果得不到纠正,将可能使健康水平严重下降,甚至造成死亡。在临床上称为进食障碍,包括神经性厌食、偏食、食物摄入量不足的饮食失调等。饮食失调是指亚临床状态的不健康饮食方式,常常是进食障碍的先兆。

关于饮食失调和进食障碍,并没有单一的机制可以解释其发病原因。一般认为,遗传和生物力学的、心理学的以及社会文化方面的因素都可能引起这种疾患的发生。据调查,在经济状况较好的青年女性和某些强调体型的优秀女运动员当中,这种疾患的发生率较高。目前有假设认为,追求苗条的社会压力的发展引发了年轻女性的不健康饮食方式;而关于女子运动员为获得成功的压力,加上某些项目对体重的特殊要求,综合起来形成了饮食失调的原因。例如,据报道超过60%的女子体操运动员都表现出某种类型的饮食失调症状。

(2)缺乏锻炼:随着社会的进步、科技的发展,生产方式的变革,身体直接参与的劳动越来越少,又没有专门的体育活动,所以身体的肌肉就得不到刺激和锻炼,导致肌肉不发达甚至萎缩。瘦体重又是身体的主要成分,瘦体重过轻直接导致体重过轻。

(3)不规律的生活方式:不规律的饮食、作息时间对身体伤害很大。根据一些资料表明,很多人的睡眠远远不足6个小时,身体一直处于透支状态。睡眠是人体体力恢复的重要措施,也是促进肌肉生长的"生长激素"的分泌异常活跃时期。没有睡眠保证,身体很难得到体力恢复。

(二)继发性消瘦

由各类疾病所引起的消瘦我们称之为继发性消瘦。胃肠道疾病如胃炎、胃下垂、胃十二指肠溃疡,代谢性疾病如甲亢、糖尿病,慢性消耗性疾病如肺结核、肝病等都可能引起消瘦。另外,胆囊切除术等腹腔手术术后也可能导致消瘦。

二、过瘦的危害

过瘦与肥胖一样,都是亚健康的一种。人体内的肌肉、脂肪含量过低,体重指数 BMI 小于18.5即为消瘦。消瘦者不仅容易疲倦、体力差,而且抵抗力低、免疫力差、耐寒抗病能力弱,易患多种疾病。

(1)消瘦的儿童少年则有营养不良和智力发育的问题。因为儿童和少年正处于生长发育时期,需要的热量及营养物质都较高,过瘦的儿童和少年会出现热量短缺,蛋白质、矿物质及维生素等缺乏。

(2)消瘦的青年人常伴有肠胃疾病。

(3)消瘦的中老年人易患骨质疏松。

(4)消瘦的女性易出现月经紊乱、闭经及骨质疏松。

(5)消瘦的人群容易出现便秘现象。食物及液体摄入量过少,使肠道缺少应有的正常刺激造成便秘。

三、增重的方法

目前增重的方法主要有:饮食增重法、药物增重法、运动增重法。以下主要介绍饮食增重法和运动增重法。

(一)饮食增重法

饮食失调造成了一部分人体重过轻,所以又有一部分人在为增加自己的体重而操心。对于他们,很重要的一个建议就是应尽可能地使瘦体重增加,而不要造成脂肪的堆积。另外,当一个人的体重持续下降或增加体重非常困难时,应接受医学检查来排除潜在疾患的可能。

1. 增加热量

摄入的能量必须保持大于消耗的能量才能增加体重。当人体摄入的热量大于消耗的热量时,才能有多余的热量用于肌肉生长。经研究表明,体重无变化时,摄入和消耗的热量是相等的,此时在饮食量和消耗量不变的基础上,额外增加摄入3 500 kcal热量,便可增重0.5 kg左右。科学健康的增重方式是:将额外增加的3 500 kcal热量分配到1 周内摄取,即每天额外增加热量摄取500 kcal,1 周的体重增加数控制在0.5 kg左右。

2. 调整膳食组成

摄入热量的分配必须科学。人体摄入的热量来自蛋白质、糖类和脂肪这3 种营养素,它们都可以产生热量,但不能相互代替,否则对健康不利:如糖类过多而脂肪过少,会加重胃肠负担;如脂肪过多而糖类过少,则可能引起肥胖症、心脑血管疾病;如蛋白质过少,会使生长发育受抑、机体抵抗力降低。所以它们的摄入必须有一个科学的比例:人体摄入热量的55%~65%应来自糖类,15%~20%来自蛋白质,其他来自脂肪。

3. 进餐频率

少量多餐的进餐方式有助改善血糖和胰岛素的调节张力,改善体内氮的滞留,提高机体自我调控的能力。研究表明,每天以少量多次原则进餐5 次或5 次以上者的体重高于每天进餐3 次或3 次以下者,而且皮褶厚度前者低于后者。

(二)运动增重法

系统的肌肉力量练习,能够促进骨骼肌蛋白质的合成,使肌肉重量增加,体积增大。

1. 抗阻训练

美国运动医学协会1998 年建议将抗阻训练纳入完整体适能计划。系统的抗阻训练,能够促进骨骼肌蛋白质的合成,使肌肉体积增大,重量增加。对于初练者练习的强度和运动量要循序渐进,开始训练时,使用负荷要较轻,次数频率也要较少。随着身体运动状况的调整和适应,及时增加肌肉抗阻训练。增重客户每周尽量达到 2~3 次抗阻训练,每次训练选择主要肌肉群进行抗阻训练,既有利于局部肌肉塑造,又有利瘦体重的增加。

2. 心肺耐力训练

长期规律的心肺耐力训练可以提高机体的有氧适能的水平。有氧适能的提高就会使肺的通气能力提高、血液的载氧能力提高、心脏泵血能力提高、动脉血管对血液的再分配能力提高及肌肉利用氧的能力提高。适当的心肺耐力训练对抗阻训练有非常大的促进作用,对瘦体重增加非常必要。但也要注意,持续时间不可过长,一般控制在 25 min 以内较为合适。

参 考 文 献

［1］ 伊万斯.健美健身运动系统训练:全彩图解［M］.2 版.张嘉源,译.北京:人民邮电出版社,2016.

［2］ 宋振华.健身运动损伤的预防与康复［M］.北京:人民卫生出版社,2014.

［3］ 阿尔比尔.拉伸训练彩色图谱［M］.陈曦,译.北京:人民邮电出版社,2015.

［4］ 森拓郎.运动饮食 1∶9［M］.朱悦玮,译.南京:江苏凤凰科学技术出版社,2015.

［5］ 国家体育总局职业技能鉴定指导中心.健身教练［M］.北京:高等教育出版社,2009.

［6］ 博格.精准拉伸:疼痛消除和损伤预防的针对性练习［M］.王雄,杨斌,译.北京:人民邮电出版社,2016.